ゆるく暮らす

毎日がラクで気持ちいい、シンプルライ

マキ

マイナビ

はじめに

リアルな暮らしってなんでしょう？
雑誌をめくると、片づいたきれいな部屋がずらっと並び、スマホをスクロールすると、おいしそうな料理がアップされている。

えぇ!?　いつもこんなに片づいているの？
いつもこんな手の込んだ料理、作ってるの？

みんな口を揃えて「いや〜、いつもじゃないよ」と言ってくれます。
じゃあ、いつもの状態ってどの程度なの？　って思いますよね。
私の場合は、

散らかってるときもある。
掃除をしないときもある。
お惣菜に頼ってしまうこともある。
子どもに優しくできないときもある。
ぜーんぶ、経験してます。
でも、それがずっと続くわけじゃない。
なぜなら、すぐに部屋も心もリセットできる方法を見つけたから。

日々をふり返ってみると、月に1回くらい夫にヘソを曲げたり、週に1回くらい子どもに怒ったりするけど、基本的にはいつもおだやかに機嫌よく過ごすことができているなぁと感じます。

それは、家にいるときぐらいは、完璧を求めず、自分を大切に、思いっきり気持ちをゆるめているからです。

掃除もそこそこ、料理もそこそこ、洗濯もそこそこ……

家族から見たら、ひと通りの家事をこなしているように見えるのかもしれないけど、じつは「そこそこ」しかやってない（笑）。

ゆる〜く暮らしているけど、〝ちょっとした工夫〟のおかげで意外とちゃんとやっているように見えているだけかもしれません。

ポイントさえ押さえれば、家事はそこそこ手抜きしても大丈夫。

仕事や子育てで手一杯で、時間や気持ちにゆとりがない方にこそぜひ〝ゆるい暮らし〟の気持ちよさを知ってもらいたい。

わが家のゆるい暮らしぶりをご覧になって、
「なーんだ！　その程度でいいんだ！」と、ふだんの暮らしのハードルを思いっきり下げてもらえればうれしく思います。

マキ

遊びっぱなしも！

出しっぱなしも！

置きっぱなしも！

脱ぎ散らかしも！…

これでも問題ないんです！

←－－－－なぜなら？

ゆるい人になったら、

あっという間に片づく
気持ちいい暮らし
になったから！

contents

chapter 2 食 FOOD

chapter 3

衣 FASHION

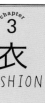

chapter 4

心&体

HEALTH

＊この本に関すること

・掲載されている情報は、取材時(2017年3月)のものです。

・掲載されている商品は、すべて私物であり、どこで購入したかを記載しているものでも、現在手に入らない場合があります。

・掲載しているアイデア、暮らし方は、暮らしに合わせて、著者自身が判断して実行しています。参考にする場合は、個々の暮らしの条件下において、有用性、安全性を充分に検討したうえで行ってください。

chapter

1

住

INTERIOR

がんばらなくても
すぐリセットできる住まいを

ゆるくても快適に暮らすための
ベースになってくれるのが住まいです。
不足はなく、でも不要なものもなく
今使っている現役のものだけを持つことで
ものの管理や収納に悩む必要がなくなり、
思いっきり散らかしても、
リセットが簡単な家になります。
〝きちんと〟の呪縛から解放されれば
家事もラクに、短時間で回せます。

ゆるい わが家の全体像をご紹介します

間取りは

2LDK 59㎡です

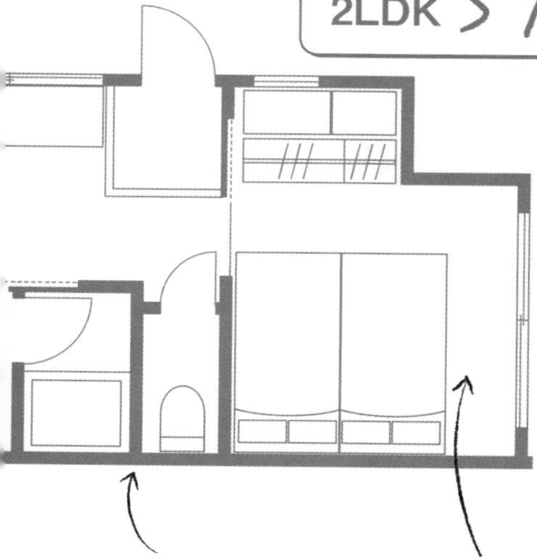

洗面所&浴室

水周りは、間取りの一カ所にまとまっています。洗面所にも収納はちょっぴりしかありませんが、それで十分、快適に回っています。

寝室

子どももまだ小さいので、家族4人で寝ています。収納がないのでオープンラックを置き、ファミリークローゼットになるように工夫。

リビング

引き戸を開けはなって広々使うことが多いのですが、個室にして子どもだけで遊んでいることも。テレビ台とキャビネットを1台置いています。

玄関&廊下

1日に何度も通り、寝室、玄関、洗面所からも近い場所なので、生活の雑多なものを収納するチェストとキャビネットを設置。

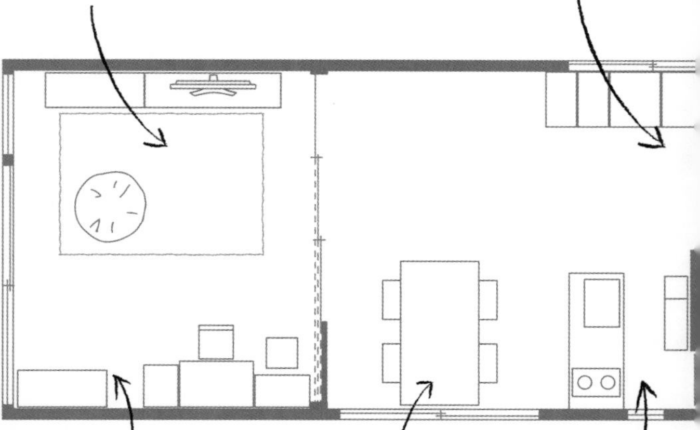

子ども スペース

テレビの向かい側に長女の机や、次女のおもちゃ用の収納棚を設置。袖壁のような柱のおかげで丸見えになりにくい場所です。

ダイニング

キッチンの近くにテーブルを置きました。座ったまま、食事後の食器をキッチンに戻すこともできて、忙しい身には大助かりです。

キッチン

引っ越し前のキッチンよりもかなり狭くなりました。でも、1段高くなっていて、家族の様子が見渡せるところが気に入っています。

わが家は、夫と私、小３と４歳の娘の４人暮らしです。１ＬＤＫ、53平米のマンションから、２ＬＤＫ、59平米の現在の住まいに引っ越して、半年になります。窓が大きく採光面が多くて明るい、天井が高くて気持ちがいい、広すぎず狭すぎず、現在のわが家にぴったりなサイズであることが決め手になりました。

仕切りの壁が少なく、個室に付いている引き戸を開けはなしておくと、家全体が大きなワンルームになる間取り。おかげで平米数に比べて、広々感じられます。でも、引き戸を閉じればちゃんと個室が生まれ、冷暖房効率も問題なしです。

この家、じつは造り付けの収納スペースがほぼゼロ。でも、かえって持っている物量に合わせた収納と家事動線がつくれると、それを前向きにとらえて引っ越しを決めました。

【キッチンからリビング】

家具は必要最小限しか持たないので広々使えています

玄関を入って全体を見たところ。玄関や廊下を仕切る壁や扉がなく、家具もものも少ないので、とにかく広々感じます。左側の袖壁のような柱のところから引き戸が出てくるので、広々使ったり、奥のリビングと仕切ったりしています。

【リビング】

ラグとクッションでフレキシブルなくつろぎスペースに

空間を圧迫するソファは置かず、ラグと大きなビーズクッションでくつろぎのスペースにしています。どちらも気軽に移動が可能です。十分にリラックスできますし、子どもたちが安全に遊ぶスペースもしっかり確保できます。

【玄関&廊下】

さまざまな用途を果たす
チェストとキャビネットをどこからも
アクセスしやすい場所に設置

玄関からリビングへとつながる場所に家具を集約。玄関に近いキャビネットは靴棚として、洗面所に近いチェストは下着やストック品などを入れる場所として活用。キッチンが狭すぎて置けないので、オーブンレンジもこの場所に置くことにしました。

【ダイニング】

長く過ごすキッチンから ダイニングが見渡せます

以前から使っていた大きなサイズのダイニングテーブルを新居でも。キッチンと平行に置いています。調理や片づけをしながら、おやつを食べたり宿題をしたりする子どもたちの様子が見られる位置です。

【寝室】

圧迫感の出る
大きなベッドではなく
すのこベッド+マットレスに

寝室の扉も引き戸なので、開けていると家全体が完全にワンルームになります。寝るときは戸を閉めて個室として使用。すのこベッド＋マットレスを２つ並べ、親子４人で寝ています。右側のオープンラックがクローゼット代わりです。

【洗面所】

真っ白な空間を活かして ものをあまり置かずすっきりと

真っ白でシンプルな空間。造り付け収納は鏡の裏だけですが、タオルも最低限の量なので収納場所を作る必要がなく（P.76 参照）、すっきり保つことができています。グリーンを飾ったら、白い空間に緑が映えるすがすがしい場所になりました。

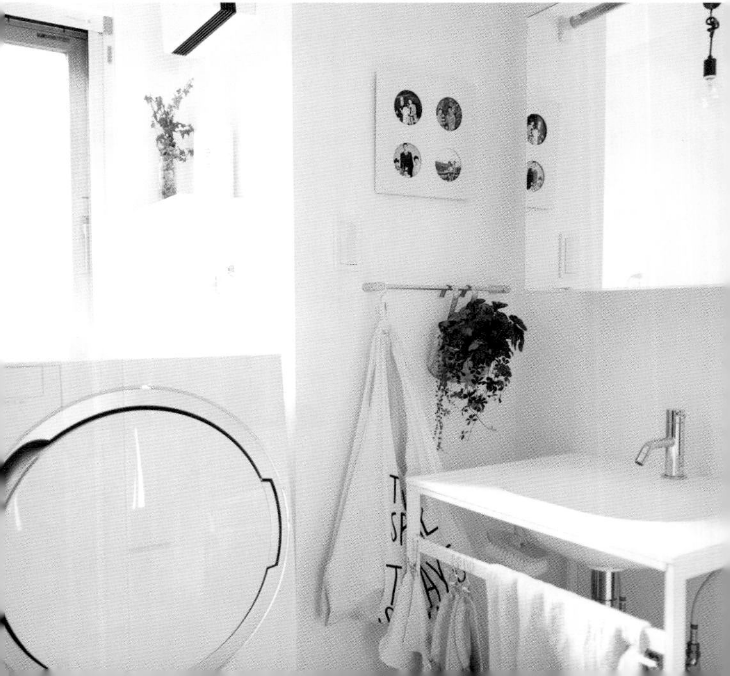

【キッチン】

狭い分、すべてのものに
手が届きやすく
コックピットのような使い勝手に

キッチンは本当に狭いです。それでも奥行きの浅いオープン棚を置いただけで、ものがすっきり収まりました。食器も調理器具も必要最低限にしているおかげです。ほぼ1〜2歩動けば、すべてのものに手が届くのは狭いキッチンならではの利点。

ゆるくても快適なのは リセットしやすい収納のおかげ

自慢することではないのですが、わが家は、盛大に散らかっているときもあります。元気盛りの子どもが2人いて、私も働いています。日々いろいろなことが起こるので、家中がぐちゃ〜っとなってしまうことは当然で、それはどんな家庭でもいっしょだと思っています。「いつもすっきり片づいていてスゴイ」と言われることもありますが、そんなことはまったくないんです。

でも、片づけをはじめれば、あっという間にすっきりした状態に戻せます。家を出る前や寝る前のちょっとした時間で簡単にリセットできるので、散らかっている状態になっているときでも、ストレスはゼロです。目指すのは〝いつも片づいている家〟ではなく、〝すぐに片づく家〟。そのほうが、家族全員、のびのび気持ちよく暮らせますし、私の手間もかからずラクなのでゆるくても快適さが続くと思います。

リセットしやすい
収納のコツ 1

扉を閉めれば すっきり見えてしまう 収納家具を選ぶ

ガラス扉やオープン棚ではなく、閉めれば中が見えなくなる家具を採用しました。中がどんなにぐちゃぐちゃでも、閉めればすっきりするので、リセットがラクになります。

家具の上にものが出しっぱなしということもありますが、時間があるときにさくさく引き出しに収めていけば、あっという間にすっきりします。

中まできれいにしようと思うから、片づけることがおっくうになるんです。例えば、きちんと畳まなきゃという呪縛から自由になり、洗濯物は上から落とすように放り込むだけにすれば、片づけが一気にラクに。

リセットしやすい収納のコツ 2

放り込むだけでOKとする

キッチンクロスは、10連ハンガーからはずして、シンク上の棚に放り込むだけ。私としては、これで問題なしです。

リセットしやすい収納のコツ ❸

ゴールを高く設定しない

ペットボトルの水は2週に1度届くので、頻繁に出し入れが発生します。毎回かごや棚に入れ替えたり、遠い寝室に置いたりという高めのゴールを目標にしてしまうと結局続かないので、段ボールのまま置いてOKにしています。

脱いだパジャマ（ルームウェア）は、とりあえずこの場所に放り込めばよし。きちんと畳むという100点のゴールを達成できなくて散らかったままの0点でいるより、毎日さっとできる70点でよしとしています。

ゆるくてもすぐ片づくのは ものが少ないおかげ

持っているものを削ぎ落とし、持たない暮らしをするようになったのは5年ほど前からのこと。次女を授かり、2人の子育てをしながら仕事を続けようと思ったら、それまでのやり方のままでは暮らしを回せないと思ったのがきっかけです。

当時は、収納の中にはぎっしりものが詰め込まれている状態。ものをしまうためには、きちんと畳んでコンパクトにしたり、パズルのように中身を動かしたりして収納の工夫をする必要がありました。つまり、片づけようと思っても、ただ放り込むだけというわけにいかず、即片づくということにならない状態です。

でも、今なら引き出しの中にも棚の中にもゆとりがあるので、片づけもラクです。持っているものを少なくしておけば、ゆるく暮らしていても簡単に片づきます。

ものを減らすコツ 1

役割を固定せずに使い回しやすいものを選ぶ

役割変更！

うがい用に、ひっかけることができて割れないカップが必要になったので、以前は米の計量に利用していたアルミカップを転用。計量用は元々持っていた別のプラカップで代用できたので、役割変更です。必要なものが出てきたら、まずは持っているものを見渡してみる。それだけで、ものが増えるのを防げます。

シンプル暮らしをするようになってから、雑貨の代わりに花や枝ものを飾って楽しむようになりました。大きな枝ものを飾れる花器を探して選んだのがブリキの細長いバケツ。空っぽのときもかわいいし、来客時の傘立てとしても使えると思って選びました。ものを買うときは、多用途か、将来別の使い方ができるかどうかを考えて決断しています。

ときどき違う使い方も

以前の住まいでは、おもちゃ入れとして使っていたかご。今は、紙資源ごみと、瓶&缶ごみ入れに転用しています。専用品を選ばずにおくと、こんな風に用途の変更がしやすくなります。

元はおもちゃ入れ

来客用スリッパ
=
学校用スリッパ

小学校に行くときに保護者が使うスリッパとして、持ち運べる袋付きのものを選択。ときどきしか出番がないので、ふだんは来客用として活躍させています。同時に必要になることはないので、兼用してものを減らしています。

ものを減らすコツ②

本来の用途は気にしない

本来は、なんとシーツ！

1枚の布なので、カーテンとしてだけでなく、テーブルクロスとして使うことも。一度洗うだけで折りじわもとれます。テーブルの印象が変わり、おすましな雰囲気に。テーブルクロスを別に持つ必要がありません。

ダイニングのカーテンは、元々シーツとして売られていたもの。リネン100%のフラットな布なので、なんにでも使えます。長さがぴったりになるように折り、カーテン用のクリップフック（コノビークリップ）でドレープが出るようにつまむだけ。オーダーせずとも、窓ぴったりのカーテンになりました。引っ越しをしてもまた使えますし、本来の用途に戻すことも可能です。
＊〈スリープテイラー〉のもの

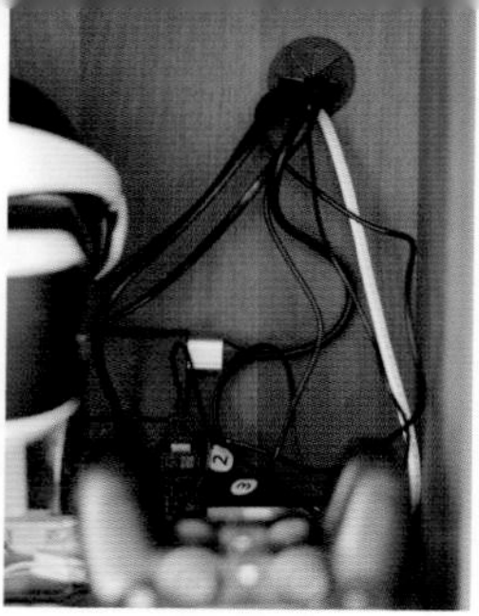

本来は
炊飯器用!?

テレビ台の横に置いたのは、キッチン用カウンターとして販売されているもの。炊飯器用にデザインされた可動棚がゲーム機の収納にぴったりだと思い、リビングで使っています。ごちゃごちゃするコードもすっきり収まって、使い勝手も抜群です。柔軟に考えれば、ものはいろいろな役割をこなしてくれます。
＊〈ウニコ〉で購入

本来は
キャビネットですが、
靴棚に！

わが家には造り付けの靴棚がありません。そこで玄関のたたきから一番近いところにキャビネットを置き、靴棚に。靴専用のものをとこだわらなかったおかげで、チェストと同じシリーズで揃えることができ、見た目もすっきり。模様替えや、次の引っ越し後も別の場所で活躍してくれるはずです。
＊〈無印良品〉で購入

本来はキッチン用ですが、
上履き洗いに

キッチン用として販売されていたこのブラシ。わが家では、浴室の中にぶら下げてあり、上履き洗いに使っています。ほかのグッズとともに、ポールにひっかけていますが（P.64 参照）、真っ白でシンプルなので、浴室にあっても違和感ありません。
＊〈イケア〉で購入

ものを減らすコツ 3

家具には何役もこなしてもらう

〈ダイニングテーブル〉

ウォールナット材がお気に入りのダイニングテーブル。以前は狭い場所に置いていましたが、家族４人がゆったり使える大きさのものを選んでいたおかげで、食事をするだけでなく、仕事、勉強、アイロン、ミシンなど、いろいろなことができるようになりました。小さい家具をいくつも買うより、大きいテーブルひとつの方が融通がきき、家具も増えません。脚の向きを付け替えればローテーブルにもなるので、暮らし方が変わっても使い続けられそうです。

＊〈広松木工〉で購入

1 仕事場に

2 食卓に

3 学習机に

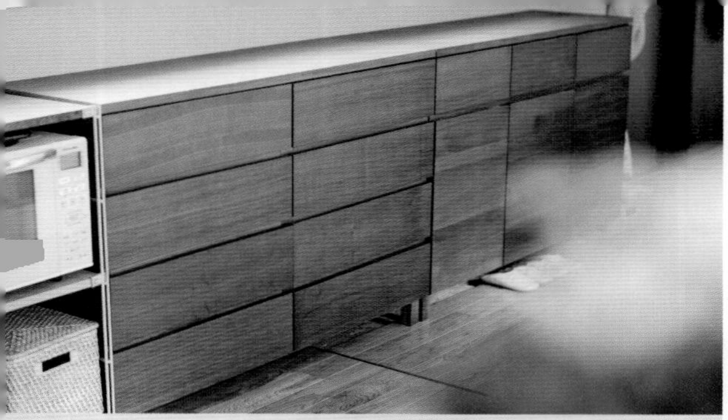

〈キャビネット&チェスト〉

廊下&玄関に置いた、キャビネット&チェストは、靴や下着、生活用品のストックなどを収納するための場所。でも、それだけでなく、この家具はたくさんのシーンで大活躍してくれています。簡易デスクとしてかるい書きものをしたり、バッグや郵便物を置く“とりあえずスペース”にしたり、取り込んだ洗濯物や、届いた野菜や食材の置き場になったり。気がつけばお役目がいっぱいですが、そのおかげで、ほかの家具を増やさずにすんでいます。

簡易デスクに

1

2

とりあえずスペースに

洗濯物置き場に

3

4

届いた食材置き場に

ものを減らすコツ 4

消耗品も とことん兼用する

1本で9役!!

中身はすべて同じです!

〈洗剤&ソープ類〉

洗濯用洗剤、食器洗い用洗剤、ハンドソープやボディソープ……。専用のものを選び、それぞれのストックを用意すると、当然ものが増えます。私は多くのものを、植物油が原料の液体石けんで兼用することにしています。本来は洗濯用洗剤ですが、成分から判断し、他の洗剤としてもソープとしても愛用。これ1種だけだから、ストックする場所や買い物の手間が減らせます。ドラッグストアに行くこともなくなるので、“ついで買い”で、ものが増えることも防げます。
＊〈パックスナチュロン〉の洗濯用液体石けん（詰替用）

※パックスナチュロンをボディソープやハンドソープとして使うことは、推奨されていません。あくまでも自己判断で行っています。わが家は問題ありませんが、場合によっては肌トラブルの可能性もありますので、ご注意ください。

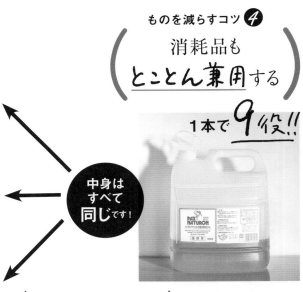

>> 洗濯用洗剤

シルクやウールも洗えるので、おしゃれ着用、赤ちゃん用などと別々に買わず、これ1本で。詰め替えボトルは〈ire-mono〉のもの。

>> ボディソープ
>> 上履きや靴用の洗剤
>> 浴室掃除用の洗剤
>> 靴下などのドロ汚れを手洗いするとき用の洗剤

浴室に置いて使用。4種類もの洗剤やソープが、これ1本ですむのですっきりです。詰め替えボトルは〈無印良品〉で購入。

>> 食器用洗剤
>> ハンドソープ
>> トイレ用洗剤
>> コンロ用洗剤

キッチンに置いて、4用途に活用しています。詰め替え容器は〈マークス＆ウェブ〉の空きボトル。

〈スポンジ〉

食器洗い用のスポンジは5個 100 円のもの。へたってきたらシンクの中やガスコンロの汚れを落とし、最後はトイレ掃除。つまりスポンジとトイレブラシを兼用する結果に。捨てる前にもうひと仕事をしてもらいたいと思うので、スポンジの持ちがよくないおかげで、週一度のきちんとした掃除が習慣化。

快適に皿洗い♪

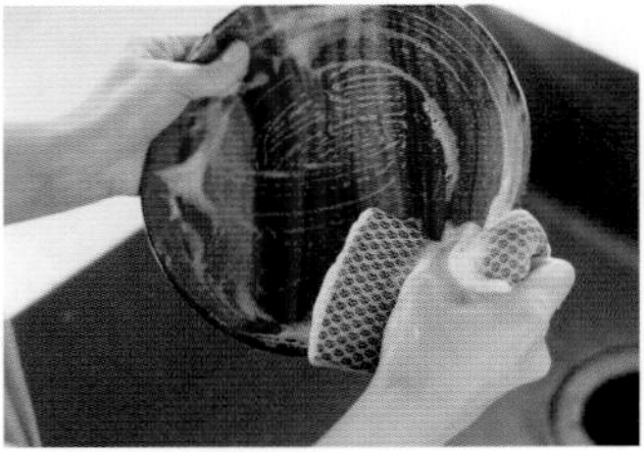

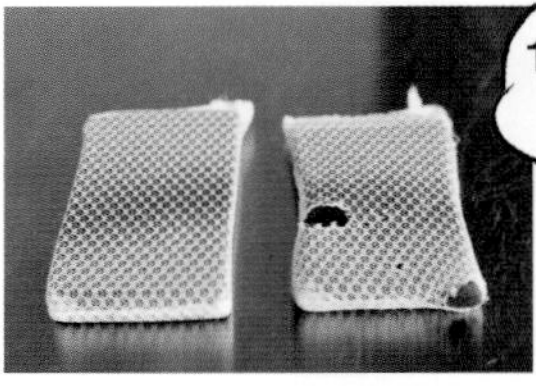
1週間使うと
ボロボロ

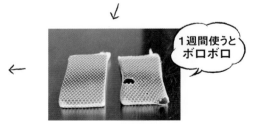

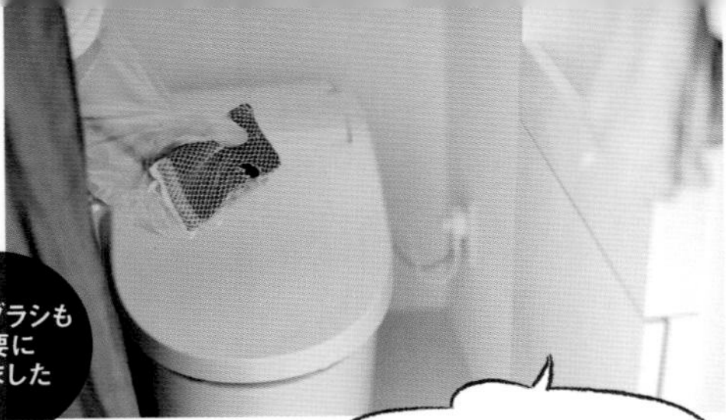

トイレブラシも
不要に
なりました

手にビニール袋をかぶせて、
直接トイレ内も。
袋を裏返して
そのままごみ箱へ。

コンロ周りも
週一掃除で
大掃除いらず

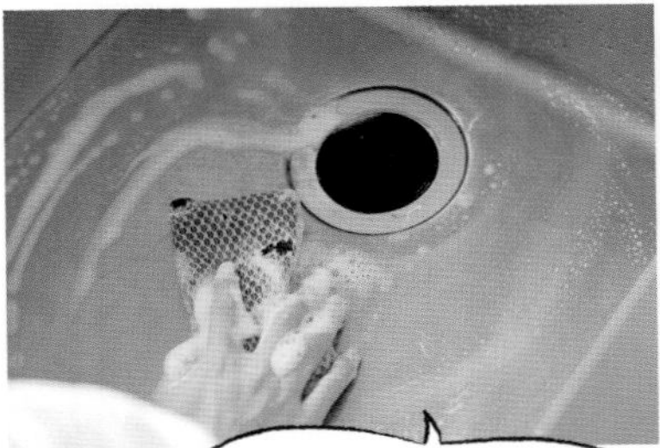

週に一度は洗剤を使って
シンク内掃除

ゆるくてもすっきりを維持しやすいのは ほぼゼロ収納のおかげ

わが家には、玄関の靴棚も寝室のクローゼットも、リビングの造り付け収納もありません。潔いほどにゼロ。元々あったのはキッチンのシンク下と洗面所の鏡裏収納だけです。収納がないのはデメリットと考える人が多いかもしれません。でも見方を変えれば、思い通りの場所に収納を設けられるということであり、メリットへ変換できるのです。

動線の真ん中に、よく使うものを集約する収納家具を置けたのは、既存の収納スペースに部屋の使い方を決められていないから。洋服クローゼットを奥と手前の2重使いにできて省スペース化が図れたのも、元々収納がなかったおかげ。洗面スペースに収納がないのは、少ないもので暮らしを回す習慣やアイデアをくれていると感じます。考え方を変えるだけでデメリットがメリットに。

〈キャビネット&チェスト〉

玄関から入ってすぐのところに置いたキャビネット＆チェスト。玄関に近い側に靴、洗面所の前あたりの場所に下着類。家の中心の場所だから、書類、仕事道具、薬、ストックもここに。暮らしの動線の中にあり、出すのも片づけるのもラクなので、すっきりを維持しやすくなりました。

中が少々ゆるく収納してあっても、扉を閉めればすっきりするのがうれしい。

次ページで中を大公開！

**P.51のキャビネットと
チェストの中を公開。
動線の真ん中だから
片づけやすい！**

1 財布、ハンカチ、傘……。私のおでかけグッズを。

2 ランニングに必要なものはここへ。準備もラクです。

3 薬、診察券、衛生用品はここに。救急箱は不要です。

4 家族 4 人分の靴。シーズンオフ以外は、これですべて。

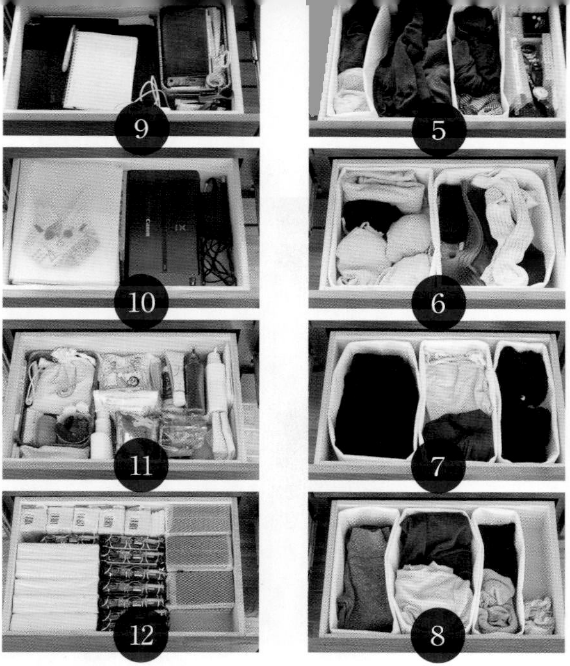

9 会社の仕事関連。学校の連絡用紙もここに。

10 会社以外の仕事関連。プリンターも収納しています。

11 日用品や掃除関連品のストック。アクセサリーもここ。

12 スポンジ、除菌シート、ティッシュなどのストック。

5 夫の下着入れ。〈無印良品〉の不織布ケースで仕切りに。

6 私の下着は２セットだけ。靴下は、６〜７足で十分。

7 長女の下着も２セット。ゆるく入れておくだけ。

8 次女。下着＆保育園用の洋服は、ここだと動線よし。

〈洗面所〉

洗面所の鏡の裏には、給食の献立表を貼りました。歯磨きしながらチェックができますし、扉を閉めれば、インテリアの邪魔にならず、すっきりします。

収納するところがないので、タオルは収納しない考え方になりました(P.76 参照)。シンクの上にはつっぱりポールを付けて、ハンガー類を収納。

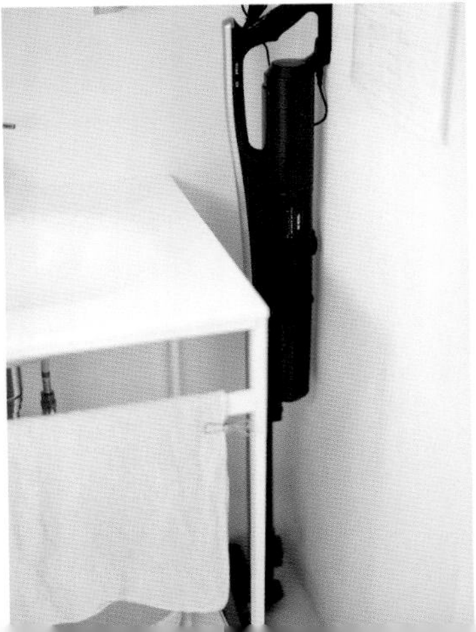

掃除機を収納しておくクローゼットもないので、洗面シンクの脇を定位置にしました。端っこにある寝室に置くよりも動線がよく、気づいたときに掃除ができます。

鏡裏収納も ガラ〜ン。

だから、片づけやすくて すっきりの維持がラク

メイク用品、化粧水、歯磨き、入浴剤（白いポット）、メラミンスポンジ…。必要なものは、ちゃんと揃っていますが、本当に使うものしか入れていないので、ゆとりたっぷり。おかげでハンドクリームなども使いやすい状態で、中に収納できています。

〈寝室クローゼット〉

寝室のくぼみの一部を洋服のクローゼットとして使用中。ラック1台を置いてあるだけのように見えますが（P.59参照）、奥にも棚を置き、２段がまえに。このおかげで、小さいスペースにそれなりの容量を収納できるようになりました。手前のラックには、３シーズン分の家族全員の洋服をほぼひっかけ収納にしています。季節外の服やときどき使うものは奥に。1シーズンに3～4回ほど、手前のラックを動かして出し入れしますが、不便はありません。

手前の棚は、側面を支点に扉を開くように斜めにずらします。ずるずるひっぱっても床に傷はつきませんし、それほど力もいりません。

ラックを動かすと…

奥にも収納が！

元々持っていた収納グッズを組み合わせてものを収めています。見えない場所なので、ガタガタでも気にしません。

奥に収まっているものリスト

- 季節外の洋服
- 季節外の小物
  （水着、マフラーなど）
- ミシン
- 子どもの予備の靴や下着
- 旅行用のキャリーケース
- カメラ、PC、ゲーム機などの空き箱
- ピクニック用品
- アウトドア椅子
- 客用ふとん1組
- 家族の思い出グッズ
- 防災グッズ
- シーズンオフの靴
- ひな人形

ゆるくても効率がいいのは ひっかけ収納のおかげ

使う場所の近くにものが置いてあると、取り出すのがラクで、使い終わったときに元に戻すのもラク。つまり家事や片づけが効率よくこなせます。そんなラクチンを実現してくれるのが、ひっかけ収納です。家具にしまうことにこだわらず、使う場所のそばにひっかける場所を設けるだけで日々が快適になります。

壁を傷つけないよう、マグネットフック、跡が残りにくい粘着フック、大きな穴があかない木製フック、Ｓフックを活用しています。小さいものですが、あるのとないのとでは、家事の効率がぜんぜん違います。ワンアクションで元に戻せるので、ゆるい人でも後回しにならず、すっきり状態をキープしやすくなります。ひっかけるものは、シンプルで色の主張がないものを選んでおくこともインテリア的すっきりポイントです。

エプロンはキッチンの壁に

毎日使うエプロンはキッチンの入り口にひっかける場所を作りました。料理をはじめる前にさっと手に取れ、はずした後もその辺に放りっぱなしになりません。

鍋敷き

ごはんは飯ごうで炊いていますが、コンロは2口しかないので、すぐによける必要があります。だから換気扇にマグネットフックを付けて鍋敷きを。

ミトン

コンロで使うものなので、鍋敷き同様、コンロの上にある、換気扇の上にひっかけ。コンロ前から一歩も動かず、ミトンに手が届きます。

水きり

毎食後、シンク上に出す食器用の水きり。扉を開けずにワンアクションで取れるよう、扉の表側にフックを取り付けました。

ボウルとざる

野菜を洗ったり、米をといだり。ボウルとざるはシンクで使うことが多いので、シンク下にフックを付けてつり下げています。

風呂グッズも
掃除グッズも
全部ひっかけ

マグネットで取り付けられるバーフックを1本浴室の壁に。子どものおもちゃも、洗剤も、掃除グッズも、浴室で使うものをすべてひっかけておけば、入浴ついでに掃除までもできてしまいます。

エコバッグ

スーパーに出かけるときに持つエコバッグは、玄関扉に。これなら、出かけるときに忘れません。右に付けた白い箱は宅配便用の印鑑入れ。
＊スーパーのかごにかぶせることで、自分で袋詰めをしなくてよくなるリネンのエコバッグを使用。

クリーニング店行き用バッグ

洗面所のタオルポールにひっかけたバッグには、夫のＹシャツなど、クリーニング店に持って行くものを脱いだついでに入れてもらいます。

デッキブラシ

洗面シンクの下に粘着フックを付け、デッキブラシの先端を。浴室用スポンジとポール（持ち手）を兼用しているので、この場所が合理的。

洗濯ネット

洗面シンクの下のタオルかけに洗濯ネットをひっかけました。デリケートな衣類は、脱衣したその瞬間に、仕分けします。

めがね

めがねも鏡裏収納の中に。フックひとつで定位置が決まります。コンタクトレンズを洗面所ではずすので、めがねに即チェンジできます。

髪ゴム

洗面所の鏡裏には小さな収納が(P.56 参照)。その中に粘着フックを付けて、娘用の髪ゴムを。お風呂に入る前にはずすので、ここが便利。

ゆるくても洗濯が苦じゃないのは ラクチンシステムのおかげ

洗濯には、洗う、干す、畳む、しまうといろいろな工程があります。時間の経過も必要なので、とにかく手ばなれが悪い。だからここを効率化するだけで、家事が格段にラクに。そのためには、〝こうすべき〟という考えから、一度自由になり、〝しなくていいことはしない〟と決めることも必要だと思っています。

ゆるくても続く方法を試行錯誤した結果、わが家の洗濯法はとてもシンプルになりました。仕分け洗濯をしない、畳まないでハンガーにかけたまま収納する、用途別にタオルを持たないで数を最小限にする。そうすることでゆるくてもラクに洗濯できるシステムができ上がりました。

「これが正しいから」「雑誌で紹介されていたから」などに縛られず、自分や家族に合ったやり方にシフトすると、忙しさが軽減されます。

ゆるい
洗濯システムを公開します

前日の夜

1 脱いだ服は直接洗濯機へ

入浴後すぐ、夜に洗濯をするので、脱いだ服はランドリーバスケットを経由することなく、直接洗濯機へ。これでバスケットもその置き場も不要に。

2 スイッチオン

洗濯物を色分けすることなく、洗いたいものは全部まとめて入れます。毎日洗濯すると決めたので、今日はどうする？と迷う時間をカットできます。

3 仕分けしながらハンガーかけ

先にクローゼットに収納するものをハンガーにかけます。10連ハンガーにかけるものは、洗濯機の扉にかけておきます。同じ動きでできるものをまとめることで効率化。

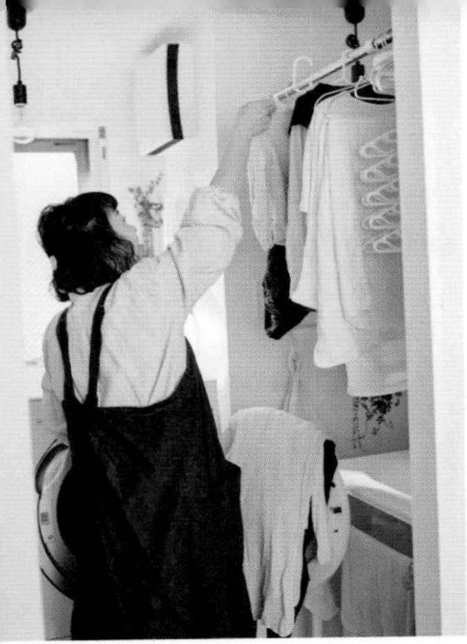

4

洗面所で すべてかけ終える

一歩も動かずハンガーかけができるように、洗面シンクの上につっぱりポールを取り付けました。細かいものをピンチハンガーにかけるところまでの工程すべてをここで。

5

リビングへ 持って行く

部屋が乾燥している季節は室内干しなので、リビングのポールまで洗濯物を持って行きます。だいたい2往復で運び終える量です（夏は晴れ予報なら、このタイミングでベランダへ）。

チェストに収納するものを移動

6

翌日の夕方

洗濯物が乾いたら、靴下、下着類など、まずはチェストに収納するものを移動します。

7 チェストの上にとりあえず置く

洗濯物はいったんチェストの上へ移動。そのままの流れでチェストへしまっていきます。

8 引き出しに順に落としていくだけ

引き出しを上から順に開け、ピンチから直接落としていくだけ。靴下もペアをセットに折り合わせたりしません。数が少ないから、問題なし。

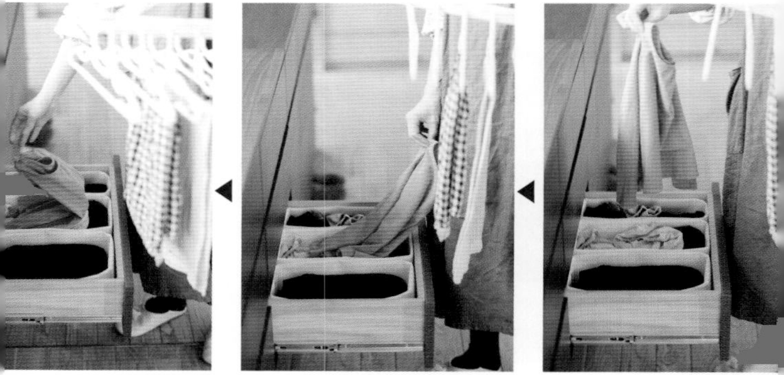

9 子ども服だって畳まない

娘のＴシャツやズボンの収納法は上から引き出しへ片手で落とし、なんとなく折り返すだけ。きちんと畳まないから、あっという間に終了です。

10

タオルは
ポールにかけるだけ

タオルはすぐ使うので、浴室扉前のつっぱりポールに。濡れたものを使いたくないので、バスタオルは1人1枚。ふだん使うのは全4枚だけにし、毎日全部洗います（予備2枚がクローゼットの奥にあり）。乾くのが早い、薄いガーゼのものを選んだおかげで、このシステムにできました（でも、大きめサイズ＆ふんわりしていて心地いい）。洗面所内に、タオルの収納場所をつくる必要もありません。

＊バスタオルは〈ファブリックプラス〉のもの

11

残りは
ハンガーラックへ

カットソーやシャツなどは、干したハンガーにかけたまま、寝室にあるクローゼットへ。まったく畳まないからすぐ終了します。

ゆるい

タオルシステムを公開します

1 朝、洗顔後、洗い立てのタオルで顔を拭く

フェイスタオルとして使っているタオルは2枚のみ。使っているか、洗って干しているかなので、収納場所は不要。毎夜、洗い立てのものをタオルかけにかけておきます。

朝

日中&
夕方

2

そのまま
ハンドタオル
として流用

顔を拭いたタオルは、そのまま同じ場所にかけておき、手洗い後に手を拭くためのハンドタオルとして1日使います。

夜

3

入浴のときに
床に置く

1日使ったタオルを入浴前に床に置き、バスマット代わりに。きれいに洗った足をのせるだけなので抵抗なし。バスマットは洗うタイミングが難しいうえ、乾きにくかったので、この方法に変えたら、バスマットの管理が不要に。

4

湿ったタオルで
さっと床拭き

入浴後の時点でタオルは湿っているので、床に置いた流れでそのまま、床をさっと拭き掃除。毎日拭いているおかげで、それほど汚れません。この積み重ねで、ちゃんとした掃除の時間をとらずにすみます。

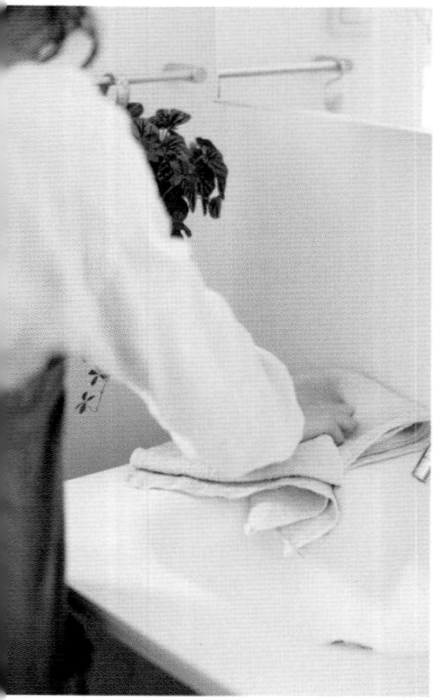

5

洗面台も
いっしょにひと拭き

シンクや水栓金具もこの流れで拭き掃除。同じタオルでそのままさっと拭くだけで、きれいを保てます。毎日ゆるく掃除することになるので、汚れもたまりません。

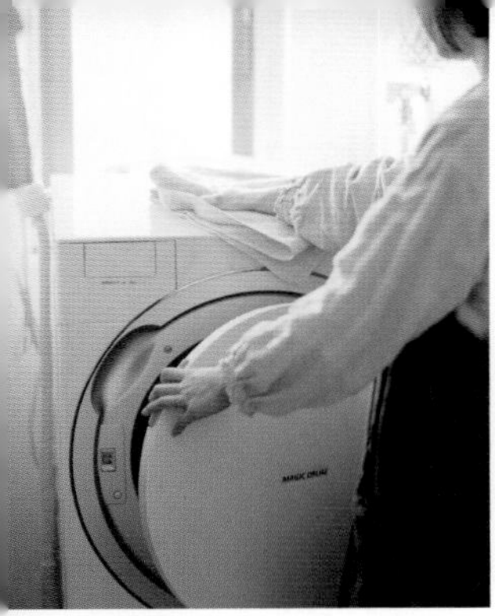

6

洗濯機に入れる前に、さらにもうひと働き

洗濯機の方へタオルを持って行ったら、そのまま洗濯機上もかるくなでるようにひと拭き。一連の流れの中なので、手間はかかりません。

7

洗濯機へポン！

脱いだものを入れている洗濯機へ、そのままポンと入れてしまいます。毎日のことだから、タオルもほとんど汚れません。

8

1日1枚洗うだけ

フェイスタオルは1日1枚を循環させるように使い、夜洗います。このタオルは10連ハンガーの幅に合うものを選ぶことで、干すときのストレスを軽減。

ゆるくても インテリアが楽しめる のは 消えもの のおかげ

ものを少なくして、片づけや家事がラクになったことで生まれたのが、スペースと心の余裕です。おかげで、グリーンや花を飾れるようになりました。シンプルは好きですが、殺風景な空間で暮らしたいわけではないので、潤いがプラスされ、暮らしが豊かになったと感じます。

ものを減らす以前は、こまごまとした雑貨を飾っていましたが、管理がしきれず、ほこりをかぶっていることが多くありました。

本物のグリーンや花のいいところは、自然に手ばなすべき時期がやってくること。クリスマスツリーは枝を買ってきて手作りのオーナメントを飾ります。お月見にはすすき。フルーツを飾ることも。季節感を楽しむことができ、でも消えものだから、ずっとわが家にとどまることがなく、収納を確保する必要もありません。

クリスマスツリーは本物で!

クリスマスの季節が近づくとスギやモミなどの本物の木の枝が花屋さんに並びます。わが家ではそれを花瓶に挿し、ボンボンを手作りしてツリーに見立てます。クリスマスツリーは1年のほとんどの期間しまっておく必要があって、スペースふさぎですし、なにより本物は香りも質感も最高です。

洗面所に置いたのは、カリンの実。自然の造形はかわいらしく、雑貨を飾る感覚でウキウキした雰囲気に。芳香剤としての役割もあります。

生花で楽しんだグリーンをドライにすることも。生花の時期だけでは、もったいないと感じたら、こうやってもう少し長く楽しみます。

食べる前のフルーツも棚に置いておけば、立派なオブジェ。子どもの作品やドライの枝といっしょに飾れば、ディスプレイっぽくなります。

column

ひな人形だけは、別格！

娘が２人いるので、ひな人形だけは気に入ったものを持って、毎年飾ることにしています。味わいがあって、飾るたびにテンションが上がる大好きな、陶器のおひな様。靴箱くらいの大きさの箱に収まるコンパクトサイズなので、狭いマンション暮らしにもぴったりです。

＊陶芸家・岡崎順子さんの作品

ゆるくても紙ものに追われないのは ちょっとの決めごとのおかげ

保育園や小学校から持ち帰ってくる作品、さまざまな連絡事項の書かれた用紙、毎日届くDM、ちらし、新聞、雑誌など、知らぬうちに暮らしの中に入ってくる紙ものは、なかなかの量です。子どもが大きくなるに従って、増えているとも感じます。

紙ものとのつき合い方には、いくつかの決めごとがあります。まずは、すぐ判断するということ。不要なものは即捨て、悩みません。学校からの連絡事項は、必要な情報をすぐ手帳に書き写し、提出物はその場で書いて娘に持たせます。後回しにしないことが、紙を減らすコツです。

でも子どもの作品は意外にとっておく派です。そのつどファイリングをするのは大変なので、とりあえずの収納場所を決めました。すぐしまえ、いつまでも出しっぱなしになるのを防ぐことができます。

連絡用紙は確認して、即捨て！

娘から渡された連絡用紙は、後回しにせず、すぐチェック。紙ごととっておくと邪魔ですし、どんどんたまっていくので、必要な情報を手帳に書き写して、即捨てします。

作品は娘別にファイルを作って保管しています。ファイルをしまっている棚の上に、とりあえず入れておき、たまったらファイリングしていきます。要不要の線引きはあまりなく、いいなと思ったもの、思い出のあるものを中心に。1年に1人1冊ずつというルールです。

「よくできてるな」と感じた作品は、うれしくて飾ります。トイレか、子どもスペース周辺なら、色が派手でもインテリアの雰囲気を壊しません。

立体ものは保管しない

平面作品はとっておくことも多いですが、立体ものはしばらく飾って処分。次を持って帰ってきたらのタイミングで。

chapter

2

食

FOOD

食卓に理想を追い求めすぎず
でもおいしくヘルシーに

食は、体をつくってくれる大切なもの。
そして、その食を通して
家族の健康を握っているのは、私。
日々、健康にいいものをおいしく作りたい。
だからこそ、忙しくても続く方法を考えて
品数やバリエーションの豊富さにこだわることなく
ゆるくできるところは、ゆるくという方法に。
キッチンツールや食器も最小限にしておけば、
食にまつわる家事の負担も減らせます。

ゆるくてもおいしいのは いい食材を選んでいるおかげ

家事の中で優先順位が高いのは、食にまつわるあれこれ。理由は、おいしいものが大好きだからというのが、ひとつ。そして、きちんとした食事は、家族の健康な体をつくることにつながると考えているからです。

以前は帰宅後の忙しい時間にレシピを検索するところから料理をはじめたり、市販のインスタントの素に頼ったり。でも、ものを減らし、暮らしを見直していくなか、料理もシンプルがおいしいという結論に。

旬のパワーあふれる野菜なら、ゆでるだけ、炒めるだけでも驚くほど甘みがあったり味が濃厚だったりするので味つけに凝る必要はありません。良質な調味料があれば、複雑に味が構成された市販の素に頼らなくてもおいしいことにも気がつきました。いい食材さえ選んでおけば、ゆるく料理を作っていても、問題なしなんです。

良質な野菜なら ゆでるだけでも ごちそうに！

実家の両親がたくさんの野菜を作っているので、旬の野菜を送ってもらうことも。私が選ぶ食品が家族の体、健康、味覚をつくるので大切にしたい部分。

料理の仕方を見直すうち、質のいい調味料を使えばそれだけで料理の味が決まるということに気がつきました。少々高価ではあっても、市販の素をいろいろ買うことに比べれば、結果的には安い買い物です。よく使うものは一升瓶など大きいボトルで購入し、単価と、買う手間を軽減しています。

私が使っているおいしい調味料リスト

〈千鳥酢〉
酢特有の、むせそうなキツイ香りがなく、まろやかでやさしい味わい。パンチが強くないので、子どもにもなじみやすいです。

塩・こしょう
銘柄は決めていませんが、塩はうまみのある天然塩を選びます。こしょうは、アクセントになる粗びきタイプを。

油3種
菜種油、ごま油、オリーブオイルの3種を常備。搾油や精製時の製法なども気にかけて、できるだけ安全なものを選びます。

牡蠣味調味料
できるだけ添加物の少ないものがいいので〈生活クラブ〉の調味料を。うまみがたっぷりで、料理に幅が生まれます。

〈井上古式じょうゆ〉
昔ながらの製法で作られ、味がギュッと濃く、香り高いしょうゆ。素材の味を引き立てつつ、味がビシッと決まります。

〈タイの台所〉のナンプラー
アジア料理が大好きなので、ナンプラーも常備。鰯、食塩、砂糖だけで作られるシンプルなものを選択しています。

〈松田のマヨネーズ〉
添加物もなく、原材料ひとつひとつまでこだわり尽くされたもの。安心なだけでなく、やさしい味わいで、なによりおいしい。

〈味の母〉
みりんのうまみと酒の風味を合わせ持つ調味料。これ1本あれば、酒、みりんをそれぞれ別に持つ必要がなくなります。

＊写真にはありませんが、砂糖は〈ホクレン〉のてんさい糖を、みそは手作りしたものを使っています。

ふだんは、生協のひとつである〈生活クラブ〉の野菜を購入。どれもおいしいので続けています。できるだけ旬を意識しながら購入することで、食卓に上る料理は自然と季節とともに変わっていきます。

小さい
パッケージで
使いきる！

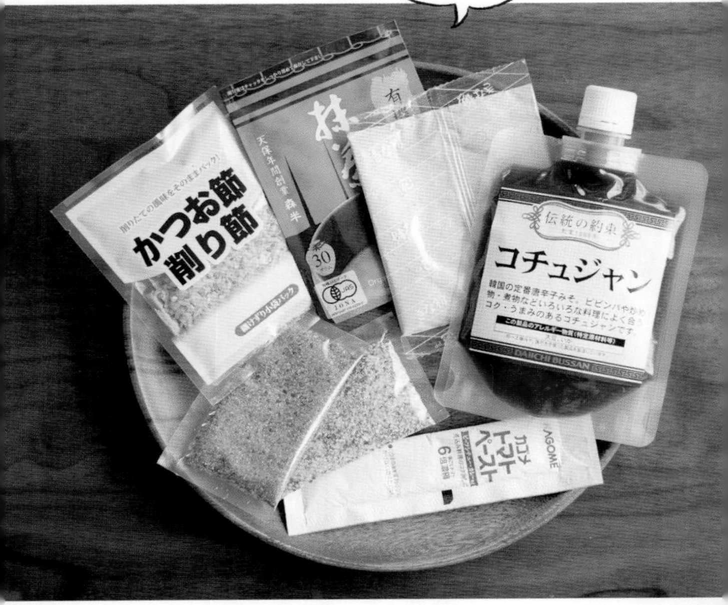

頻繁に使わない調味料は小さいパウチ包装のものを極力選びます。賞味期限内においしく食べきるための知恵のつもりです。おかげで場所も取らず、ごみも減らせています。

ゆるくてもおいしいが続くのは週1配達のおかげ

食品の買い物は、週に1回の配達がある生協〈生活クラブ〉をベースにしています。仕事後の夕方、混んでいる時間帯に、子どもを連れてスーパーで買い物をすると、想像以上に時間をとられてストレス満載。その後の家事の流れにも影響するので、これが今の私にはベストな選択です。週末にはスーパーにも行きますが、買い足しやその日のお楽しみごはんのためなので、ルーティンの買い物と違ってずっと楽しく、気もラクです。

玄関に食材が届くというのは、忙しい人には、想像以上にありがたいサービスです。重い荷物を運ぶ大変さからも解放され、時短にも大きく貢献してくれます。ある程度毎回購入する食材を決めてしまったり、野菜は単品ではなく、セットのものを注文したりすることで迷う時間も減らせるので、ゆるくても続きます。

わが家は個別配送を利用しているので、水などの重いものも運んでもらえて大助かり。〈生活クラブ〉は、添加物の少ない良質な食材がセレクトされているので、原材料まで気にしながら選ぶという手間からも解放されます。

ゆるくても毎日手作りができるのは 平日フォーマットのおかげ

食事は手作りを基本にしています。市販のインスタントの素もほぼ使わなくなりました。そのコツは、平日ごはんにフォーマットを持ち込んだことです。

まず朝ごはんはワンプレートをフォーマットに。鍋洗い、皿洗いが大変になるような、火を使ったり油を使ったりする料理は極力避け、冷蔵庫にあるものを盛りつけるだけで完成する形にしています。それでも彩りよく、自分のテンションが上がる朝食プレートができ上がります。

夜ごはんのフォーマットは、主菜1品副菜1品と、ごはんとみそ汁。がんばりすぎません。副菜は常備菜のことも多いので、ごはんを炊いてみそ汁と主菜を作るだけ。フォーマットが決まっていれば、体が勝手に動くようになり、ごはんを炊いている時間内、20分ほどで完成します。

〈朝ごはん〉

忙しい朝に皿洗いの手間を増やさないよう、ワンプレートに。木製プレートは乱雑に扱っても割れなくて安心ですし、お料理がおいしそうに見えるので気に入っています。

〈夜ごはん〉

わが家は主菜も副菜も大皿に盛ってみんなで取り分けるスタイルです。子どもは食が細いほうなので、「ごはんとみそ汁だけは“ピカリン”してね」をルールにしています。週に1回精米機で精米しているお米で炊くごはん、手作りみそで作るみそ汁、どちらもシンプルだけど絶品で、ごちそうです。

みそ汁は
必ず作る

【ある日の夜ごはん①】

主菜と副菜は大皿に盛り、テーブルの真ん中に置いて取り分け。子どもが苦手なものは、「おいしいよ」と言いながら、直接食べさせたり、それぞれのごはんの上にのせてみたり。無理強いはしない程度に、声かけをします。

主菜　豚肉のしょうが焼き　キャベツとトマト添え

豚ロース薄切り肉を保存袋に入れ、しょうゆとみりん（味の母）を1：1の割合で加える。しょうがのすりおろしを加え、袋をかるくもんで下味が回るようにする。1日以上おき、フライパンで両面を焼く。食材が届いた日の下ごしらえとして下味はつけてしまうので、当日は焼くだけ。夫が好きなせん切りキャベツはたっぷりと。

副菜　白菜、きゅうり、かぶ、かぶの葉の浅漬け

野菜はすべて食べやすい大きさに切って保存袋に入れ、〈生活クラブ〉で購入した浅漬けの素を加えて漬ける。野菜ごとに分けることはせず、まとめて。常備菜として作ったものを皿に移すだけでOK。

みそ汁　わかめと豆腐のみそ汁

だしパックでとっただしで、豆腐とわかめを煮て、手作りみそを溶かす。下ごしらえのときに小口に切っておいた青ねぎを散らせば完成。

【 ある日の夜ごはん② 】

主菜　シーフードとキャベツ炒め

フライパンでにんにくと解凍したシーフードミックスを香りよく炒める。塩をふって、ひとくち大に切ったキャベツを加えて炒め合わせる。最後にコンソメを隠し味程度に少々加えて完成。〈生活クラブ〉のシーフードミックスのクオリティが高いので、超簡単なのにごちそう感あり。

副菜　かぼちゃの煮もの

ひとくち大に切ったかぼちゃを鍋に入れ、かぶる程度の水、しょうゆとてんさい糖を1：1の割合で加えて煮る。常備菜として作っておいたものを温めるだけ。子どもが食べやすいよう、甘めに仕上げています。

みそ汁　にらたま汁

だしパックでとっただしでにらを煮る。溶き卵を流し入れ、手作りみそを溶かす。にらと卵は大好きな組み合わせなうえ、すぐ火が通るので定番にしています。

【ある日の夜ごはん③】

主菜

さばの塩焼き

3枚おろしになっているさばを、オーブンのグリル機能で焼く。大人は1切れ、子どもは半切れずつ食べます。主菜は手がかからないので、副菜も当日作れます。

副菜

にら玉
しょうゆマヨネーズ添え

ボウルに卵を溶きほぐし、小麦粉、水を加えて混ぜる。食べやすく切ったにらを加え混ぜ、フライパンに流し入れて両面を焼く。食べやすく切って、しょうゆマヨを添える。母がよく作ってくれた大好きなメニュー。いわゆる炒めるにら玉ではなく、チヂミのように焼くのが実家流です。

みそ汁

なめこ汁

だしパックでとっただしで刻み油揚げとなめこを煮る。手作りみそを溶かす。下ごしらえのときに小口に切っておいた青ねぎを散らす。

ゆるくても すぐ完成する のは 平日はフライパンオンリー のおかげ

平日の夜ごはんは、フライパンひとつでできるメニューしか作りません。つまり時短メニューばかりで、時間のかかる煮物などは平日にはしないと決めました。使うのはフライパンだけというルールがあると迷いが減り、すっとメニューが決まるのが大きなメリット。調理もスムーズで、あっという間にできます。

よく作るのは、野菜とたんぱく質の炒めもの。旬の野菜はどんどん変わるし、牛・豚・鶏肉、魚、豆腐製品など、たんぱく質も種類は豊富。調味料も、塩、しょうゆ、オイスターソース、ナンプラーと変えれば、バリエーションは十分広がります。平日は毎日、炒めものと決めてしまったって、問題ないんだと思います。

大きい鍋を使うのは下ごしらえのときと、休日ごはん。時間をかける料理は週末のお楽しみにとっておくと、食卓にメリハリも生まれます。

時間がかかる煮込み料理は週末に、すぐ完成する豚肉のしょうが焼きは平日に。“それでいく”とルールにしてしまうと、気持ちがぐっとラクになるはず。

フライパンは毎日使うから、コンロ下のラックの出し入れしやすい位置に収納。

炒めものが続くと手抜きって、誰が決めたんでしょう？　そのときどきで変わる旬の野菜がたっぷりで、肉や魚などのたんぱく質も入って栄養価も高い。家族みんながおいしく食べられる。“それでいい”というより、“それが一番”です。

炒めものばかりでも、
おいしいから
いいんです！

ゆるくても下ごしらえができちゃうのは 冷蔵庫が小さいおかげ

週に一度食材が届いた日にまとめて下ごしらえをするのが、私の習慣です。おかげで短時間で晩ごはんの準備ができています。

作りおきというとハードルが高いですが、私がするのは簡単な下ごしらえ。トマトを洗う、ねぎを切る、青菜をゆでる、肉に下味をつけるなど。パックから出して洗っておく、切っておくだけでも大違い。日々の食事作りが格段にラクになります。

ちなみにゆるい私でも下ごしらえがちゃんと続くのは、小さい冷蔵庫を選んでいるから。そのままでは入りきらないので、やらざるを得ないんです。冷蔵庫が小さいことはマイナスに捉えがちですが、自分はゆるいタイプだから続かないと思うなら、自然に追い込むこんな選択もあり。買い替えのときも、あえて同じ小さいサイズを選びました。

冷蔵庫は271ℓのもの。一般的に2人暮らし用とされるサイズで、4人暮らしには、かなり小さめ。でも食材をため込まず、使いきっていくにはちょうどいいです。冷凍スペースが大きいのも、これを選んだ理由です。

たっぷり届いた日は、まずキャビネットの上で食材を仕分け。このままではどう考えても冷蔵庫には収まらないのでがんばれます。そうすると後の自分がぐっとラクになるんです。

一度沸かした湯を使い回し、茎ブロッコリー、ほうれん草、卵の順にゆでています。使うときにそのつど湯を沸かしてゆで、その後に鍋を洗うことを考えたら、かなりの時短。下ごしらえは15～20分で終わります。これだけで平日が本当にうまく回るようになりました。

同じ鍋でゆでるから、
効率よし！

**ここに
下ごしらえ品を
入れます**

冷蔵庫の定位置はあまり決まっていませんが、下から野菜室、肉や乳製品棚、下ごしらえ品や常備菜を入れる棚です。

ゆるい

下ごしらえをご紹介します

野菜の皮はわざわざ三角かごにまとめることなく、どんどんシンクの中へ落とし入れます。シンクの掃除がてら最後にまとめてかき集めればOK。ささいなことですが、ずっと効率よく動けます。

【下ごしらえ①】

野菜ボックス

ミニトマトは洗うだけ。茎ブロッコリーとほうれん草はゆでています。別々の容器ではなく、野菜を1つの保存容器にまとめて入れることがポイント。この容器を1つ取り出せば、朝食プレートに3種、即並べられます。

【下ごしらえ②】

しその葉

青じそは洗ってペーパーで拭き、濡れたペーパーで葉の根元をくるみ、空き瓶に入れてふたを下にして保存。取り出しやすく、10日は元気なままです（ペーパーは使うたびに交換）。

【下ごしらえ③】

野菜の浅漬け

かぶ、きゅうり、大根など、ざくざく切ってポリ袋に入れ、〈生活クラブ〉で購入した浅漬けの素に漬けました。たったこれだけで、いつでも野菜が食べられる安心感があります。

【下ごしらえ④】

豚肉の下味

豚の薄切り肉を保存袋に移し、しょうゆと〈味の母〉を1：1で加えるだけ。料理への展開がしやすく、しょうがをすりおろして加えておけば、焼くだけでしょうが焼きの完成。

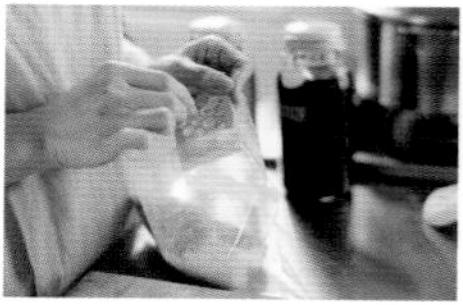

しょうがは
袋に直接

【下ごしらえ⑤】

青ねぎの小口切り

わが家の冷蔵庫には、そのままねぎを入れるスペースがないので、最初に小口に切っておきます。省スペースになるうえ、すぐ使えるので、みそ汁、炒めものなどに大活躍。

袋に入れるのは
包丁で横着！
でもラク！

【下ごしらえ⑥】

かぼちゃの煮もの

作りおきレベルですが、かぼちゃを食べやすい大きさに切り、かぶる程度の水、しょうゆとてんさい糖を1：1の割合で加えて煮るだけ。ただ切っておくだけの下ごしらえでもかさが減り、その後の調理がラクになります。

【下ごしらえ⑦】

味卵

朝食にしたり、お弁当に入れたり、なにかと活躍する味卵。野菜をゆでた湯で最後にゆで、殻をむいて袋に入れ、自家製めんつゆ（P.122参照）と同量の水を注いで漬けておくだけで完成。

ゆるくても市販品いらずなのは 自家製だれのおかげ

市販のたれが便利なのは、なにも考えずとも、それさえあれば味が決まるから。私も以前は頼っていました。でも、食をシンプルにしていくうち、そんなにインパクトのある味つけは必要ないと思うように。でも、ラクさは捨てがたいので、自家製だれを作っておくようになりました。

これなら料理のたびにいくつもの調味料瓶を取り出して味つけをする必要はありません。ちゃんと味を決めているので味つけもぶれませんし、添加物の心配もなし。そして、〝自家製〟の響きには手抜き感がありません。心が満足、味も満足、そのうえ、ラク！　だからこそ、ゆるい私でも作り続けられています。

多種類作りすぎても、使いきれなくなってしまうので、4～5種が定番。ベーシックなものばかりなので、飽きることもありません。

【自家製だれ①】

にんにくみそ

>> マヨネーズと混ぜて
ゆで野菜のディップに
>> 炒めものの味つけに
>> 焼いた肉をからめて

にんにくのパンチとみそのコクで、味つけが決まります。マヨネーズと混ぜると子どもも好きな味に。

■材料と作り方■
にんにくのみじん切り 2 房分を油大さじ 2 でじっくり弱火で炒める。ほんのりきつね色になり、にんにくの香りが落ち着いたら、しょうがのみじん切り 1 かけ分を加える。みりん（味の母）1/2 カップ、てんさい糖大さじ 3、みそ 200g を加えて焦げないよう弱火でもったりするまで煮詰める。

【自家製だれ②】

だしじょうゆ

>> 食卓用のしょうゆに
>> 卵かけごはんに
>> 冷奴に
>> 刺身に

卵かけごはん用、さしみ用など専用のものを何本も買う必要はありません。昆布の粘りで少しどろっとしますが、うまみのある使い勝手のいいしょうゆになります。

■材料と作り方■
しょうゆ 1 カップ、みりん（味の母）1/2 カップを保存瓶に入れ、昆布 5cm 1 枚を加えて 1 日以上おいたら完成。

【自家製だれ③】

めんつゆ

だしを別にとる方法ではなく、調味料にだしのうまみをうつすので、水を使いません。だから、保存性も高いのです。料理ごとに水と合わせて、薄めて使うこともあります。

■材料と作り方■
鍋にしょうゆ1カップ、みりん（味の母）1カップ、昆布（5cm）1枚、かつおぶしひとつかみ、干ししいたけ6個を入れて1晩おく。翌日ひと煮立ちさせて完成。

>> 水で薄めてゆで卵を漬けて味卵に
>> 水で薄めてうどん＆そばつゆに
>> ねばねば野菜を刻んで漬けてごはんのおともに
>> さっと煮の味つけに
>> 野菜をひたして浅漬け風に

＊②と④のみりん（味の母）のアルコールが気になる場合は一度沸騰させてアルコールを飛ばしてください。

＊どれも冷蔵庫で半年ほど保存できると感じますが、瓶などの衛生状態にもよりますので、使用の可否は、ご自身で状態をみてご判断ください。

【自家製だれ④】

ポン酢

自分で作るポン酢の味が最高すぎて、もう市販品にはもどれないと感じます。実家でとれる柚子など、季節の柑橘を絞って作っています。

■材料と作り方■
柚子などの柑橘果汁1/2カップ、酢1/2カップ、しょうゆ1カップ、みりん（味の母）大さじ1を保存瓶に入れ、昆布（5cm）1枚を加えてふたをする。よくふって全体が混ざったら完成。昆布のうまみが徐々に出てくるので、ふくよかな味に。

>> 和風ドレッシング代わりに
>> ほうれん草にかけておひたしに
>> 鍋のつけだれに
>> 大根おろしに混ぜ、肉や魚に添えて

【自家製だれ⑤】

甘酢

酢飯用、マリネ用などと市販品は微妙な違いで多種類ありますが、私はこれひとつで十分です。塩味は料理に合わせて調えます。オイル、はちみつ、こしょうを加えてドレッシングを作ることも。

■材料と作り方■
保存瓶に酢150ml、てんさい糖50gを入れてふたをする。よくふって砂糖が溶けたら完成。

>> 野菜を漬けてピクルスに
>> 野菜と魚介のマリネに
>> ごはんに混ぜてちらし寿司に
>> 焼きびたしの味つけ

ゆるくても皿洗いがラクなのは食器&道具が少ないおかげ

私は、皿洗いが大っ嫌いです。だからこそ、どうにかこうにか、一番ストレスなくできるやり方を自分なりに編み出しました。おかげで、すっきりしたキッチンをキープできるようになったのです。

ゆるい私にそんなことができるのは、ひとえに洗うものの数が少ないから。朝食はワンプレートで、夕食は大皿盛り。お皿をいくつも並べて食卓のコーディネートを楽しむのはしばらくお預けですが、食器の数を絞ったことで、あっという間に「洗う、拭く、しまう」が終わります。

大きな洗い物をしなくていいように、朝食にはフライパンを使う料理を出さない、油分が取れにくいプラスチック製品はあまり使わない、完全に乾いてない状態でしまって大丈夫なようにオープン棚収納にするなども、皿洗いをラクにするコツです。

ゆるい
皿洗いシステムをご紹介します

1

使ったものはすべてシンクへ

使う量が少ないと何回かに分ける必要なし。全部いったんシンクに入れてしまって、皿洗いスタートです。

2

水きりをシンクへ

水きりは調理中は邪魔なので、シンク下の収納扉にひっかけています（P.63参照）。しゃがむことなく手に取れる場所なので、さっとシンク上へ置けます。

3

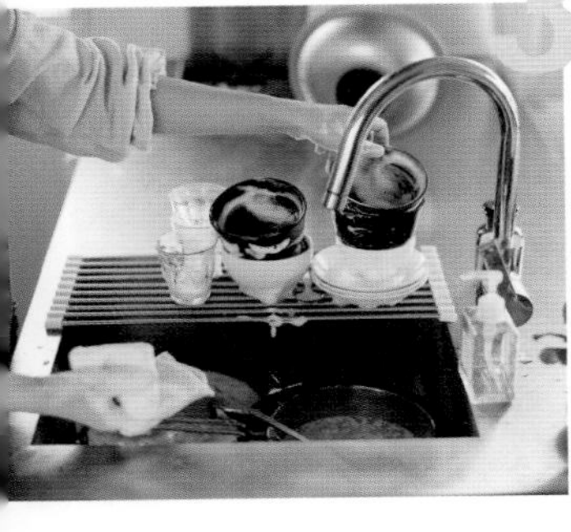

洗ったものをいったん水きりへ

汚れが再び付着しないよう、洗ったものをいったん水きりの上へ。作業台に置くと泡＆水びたしになるので、この位置がラク。

4
ひっかけて水きり

米をとぐのに使ったざるとボウルは油で汚れていないのでお湯で洗って、棚に取り付けてあるフックにひっかけて水きりします。

5
道具類は、コンロの上へ

食器を全部洗ったら、フライパンやみそ汁鍋など大きいものを洗い、そのまますすぎ。シンクの上でざっと水をきり、コンロの上へ置いておきます。

6
皿の水をきる

洗った器をシンク内に戻し、器のすすぎ。水きりは小さいながらもポールの溝に皿がピタッと収まり、意外にたくさんのります。

皿を拭いたクロスでキッチントップ全体を拭き上げて、皿洗い終了。ここまで5分ちょっと。だからゆるい私でも続きます。

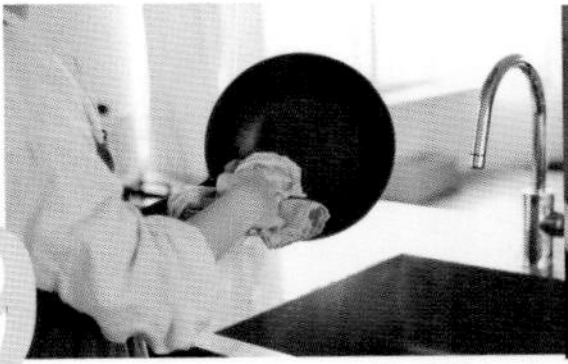

9 道具類も元の位置へ

棚にひっかけていたざるとボウルも拭いてシンク下の元の収納場所へ。コンロ上のフライパンも拭いてコンロ下の収納場所へ戻します。

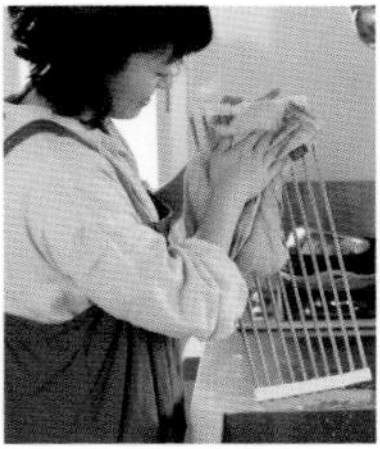

8 水きりを拭く

皿を拭いたら、同じクロスで水きりも拭きます。すぐ片づけるためですが、毎回拭くので水きりにありがちなぬめり知らずに。

7 拭き上げながらしまう

全部すすぎ終わったら、体を90度ずらして食器拭きに。一歩も動かず、クロスで皿をつかんだまま、食器がしまえてラク。

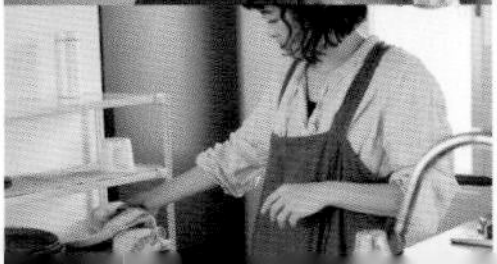

ゆるくてもキッチンが使いやすいのはものが少ないおかげ

前の家に比べると、キッチンはずいぶん狭くなりました。キッチンの幅は150cmほどで、コンロは2口しかありません。明らかにファミリー向けではなさそうです。最初、ちょっととまどいましたし、少し工夫をする必要がありましたが、今は問題なく、快適で使いやすいキッチンになっています。

その理由は、ものが少ないことにつきると思います。次女出産を機にはじめた持たない暮らしは、どんなキッチンを使うことになっても快適でいられると実感中です。ものが少なければ、収納に頭を悩ます必要がありません。ゆったり収納できるので、なにかをどかしながらものを取り出さずにすみ、出し入れにも手間がかかりません。コンロ周りにものを出しておく必要もなくなるので汚れないですし、掃除もラクです。

棚上は空いているからものが置ける

棚の上まで置かなければならないほど、ものを持っていないので、オープン棚の上は基本、空きスペース。でき上がった常備菜を冷ましたり、すぐ食べるもの、冷蔵庫から出したものを置いたりでき、作業効率アップ。

ゆとりがあるから
使いやすい！

入れようと思えば、まだ食器は入るので増やせると思います。でもこのゆとりある置き方ができてこそ、出し入れがラクになるので、わが家の適量はこれ。少なくてラクなことはあっても、困ったことはありません。

ものを減らすコツ 1

器はとにかく多用途に使い回す

〈フリーカップ〉

ドリンクのため、デザートのためと別々に持っている器を兼ねてしまえば、量を一気に半分にできます。そういうわけでわが家のカップは口が広めのフリーカップです。夏はガラス、冬は陶器のものを各2個ずつ持ち、シーズン以外は収納グッズとして活用。こういう積み重ねのおかげでものを少なくできています。

季節外は収納グッズに

キッチンの引き出しの中に使っていないほうのフリーカップを入れて、スライサーやグレーダーのパーツを収納。収納グッズいらずです。

〈木製の小鉢〉

子どもが扱っていても割れる心配がないので、木製の器が好きです。プラスチックと違い、油のぬるぬるが落ちにくいと感じることもありません。この小鉢は主に子ども用で2個あります。フルーツ、ナッツなどのおやつや、ヨーグルト、スープなどを入れるのに活用しています。

〈白い丼鉢〉

うどんやラーメン用に購入した丼鉢。子どもはまだこんなにたくさん食べないので２個だけ。余分には持ちません。みんなで取り分けるサラダを盛るなど、大鉢としても使って食卓にバリエーションを出すこともあります。

1人分のうどん用に
みんなのサラダを入れて

ものを減らすコツ❷

調理用具も2way以上あるもの

〈鍋であり、ボウルでもあり〉

ボウルはボウル、鍋は鍋と、それぞれ持つと大きくてかさばる分、食器よりも場所をとります。そこで思いついたのがみそ汁鍋とボウルを兼ねること。まずは、ボウルとして米とぎに使い、その後はみそ汁鍋に。洗い物も減らせて一石二鳥です。目盛り付きを選んだので、計量カップの役割も。

＊東京・かっぱ橋の個人店で購入

同じもの！

〈おつまみプレートであり、まな板でもあり〉

野菜や肉を切る場所として日々活躍してくれている木製のまな板。小ぶりで、質感のいい、しっかりしたものを選んだので、チーズやハムを並べて、ちょっとしたおもてなしにも使えるおつまみ用プレートにもなります。
＊〈ラバーゼ〉のもの

〈フライパンであり、大皿でもあり〉

基本的に朝食に火を使わないようにして洗いものを減らしていますが、目玉焼きを食べたいと思うことがあります。とはいえ朝から大きなフライパンの出動はめんどうなので、直火にかけられる皿を購入。卵を焼き、そのままテーブルに出して朝食プレートに。晩ごはんの主菜を盛りつける大皿としても、ときどき活用します。

＊〈4th-market〉のもの

ものを減らすコツ❸

使いにくくなったら 執着しない

〈ごはん鍋〉

前の家では、土鍋でごはんを炊いていました。でも、新居のコンロには大きすぎて隣のコンロが使えない状態になってしまいました。そんなときに見つけたがシンプルな飯ごうです。サイズもぴったりですし、値段も手頃。実験感覚で楽しもうと買ってみたら、ちゃんとおいしく炊けたので、こちらを採用。土鍋は欠けもあったのであっさり手ばなしました。使いにくいものには執着せず、買い替えていくことで、ものを増やさずにいます。

＊〈キャプテンスタッグ〉のもの

〈まな板〉

作業台が狭くて
場所ふさぎ

コンロとシンクの間のスペースもかなり狭めのわが家。以前から使っているまな板でも置けますが、もう少し小さいほうが便利ということで買い替えを検討。まな板をしまう適切な場所もなく、コンロ横に出しっぱなしになることも考慮に入れ、乾きが早いゴムノキ製で、ルックスもいいものを選びました。白いまな板はずるずるとっておくことはせず、処分。
＊〈ラバーゼ〉のもの

コンロ横に立てて収納しようと思っていたため、厚みがあって自立することも選択理由。

〈 水きり 〉

シンクが
小さいから

くるくると丸めることができ、水きりかごのように場所をふさぐことなく邪魔にならないので、以前の家から愛用してきた水きり。シンクがさらに狭くなり、そのままのサイズでは使い勝手が悪かったので、スペースに合わせて、はさみでチョキン。これだけで、ぐっと使いやすくなりました。小さな不便もそのままにせず、改善できないかを考えるようにしています。

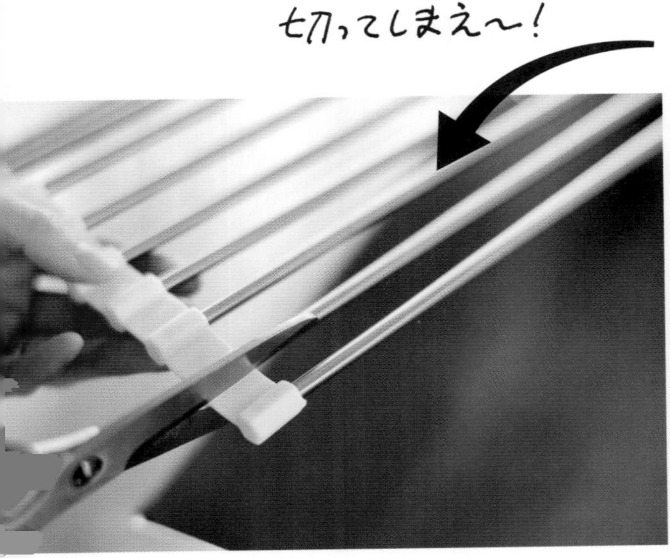

ものを減らすコツ❹

定期的な全部出し

気をつけていても、やっぱりものや食材は増えてしまうのがつねです。いっぱいになってきたな〜というタイミングで定期的に行うのが“全部出し”。引き出し1個やシンク下全体など、場所を決めて行います。ただ不要なものを探して全体を見渡すより、一度全部出すことで、不要なものがはっきり分かります。ついでに掃除もできるので、一石二鳥です。

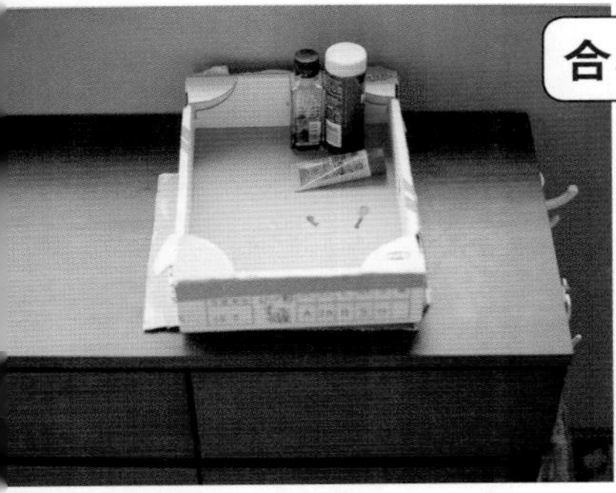

合わないものは潔く

いつのまにか賞味期限がきれていたものだけでなく、数回使ってみたものの、口に合わなかったものもこのタイミングで処分。ずるずる持っていても結局使わず、最終的に捨てるなら、潔く早めに判断します。おみやげでいただいた食品も、数回試してダメなら執着しません。

使いきりたいものは目立つところに出す

単に存在を忘れていて、使いそびれている食材が見つかることがあります。それらは棚の上に出しておき、強制的に思い出せるように。直近のメニューに組み込んで使いきります。

ゆるくても案外きれいを保てるのは ついで拭きのおかげ

ゆるい私は、掃除が好きではありません。でも家族が気持ちよく過ごすためには、汚れたままでも困ります。だから、とにかく効率よくきれいを保ちたいと思っています。

そして、たどりついたのが〝ついで拭き〟。わが家にいらしたことがある方に「マキさん、いつもどこかを拭いていますね」と言われたことがあるのですが、「そう?」と思ったくらい自然にやっているようです。お客さまにお茶を出すとき、お湯が沸くのを待ちながらキッチントップを拭く、使ったカップを洗った流れで水栓金具を拭く。それが、いつのまにか癖になっているようです。

汚れはついてすぐなら拭くだけで取れますが、時間が経つと洗剤や専用の道具、掃除の時間が必要に。〝ついで拭き〟さえ実行していれば、〝案外きれい〟は簡単です。

食器を拭いた ついでに

食器を拭き終わったら、そのとき手に持っているキッチンクロスでそのままシンク横の壁をひと拭き。調味料やツールなどを出しっぱなしにしないようにしていることも、"ついで拭き"をラクにします。この後クロスは洗濯に。

食器を洗い終えた ついでに

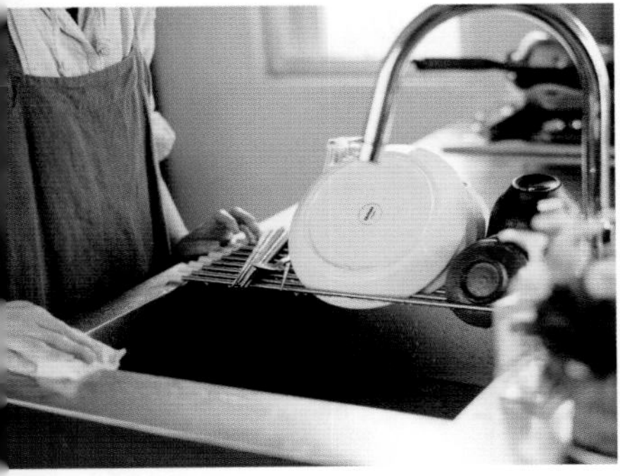

食器を洗ったスポンジで、シンクの中や周囲もひと拭き。全体をきちんとでなくても、毎回どこかを拭いておくだけで違います。掃除のためにわざわざ掃除道具を持ち替えないというのも、ゆるくても続くコツ。

chapter 3

衣

FASHION

「なにを着る？」の
呪縛から解き放たれて
おしゃれになる

毎朝、クローゼットの前で、なにを着ようかと迷う時間。
楽しいはずの時間ですが、
仕事、子育て、家事などに追われる身としては
迷いの時間は最低限にしつつ、
でも、おしゃれでいたいというのが本音。
今着る服、今着たい服だけを少なく持って、
自分のスタンダードをしっかり決めると
ゆるくても、時短でもおしゃれがかないます。

ゆるくてもおしゃれを楽しめるのは服が少ないおかげ

暮らしの見直しをしたとき、かなり大量の洋服を処分しました。奮発して購入した〝いいブランド〟のものも含め、勇気をふり絞って買い取りをお願いしたのに、結果はわずか１０００円ほど。それからというもの、大量の服を長期間ずっと持つより、すごく気に入ったものを少しだけにして、毎日でもいいから着て、短期間で着倒す気持ちで活用するほうがいいと思うようになりました。

ワンシーズンで着倒すこともありますし、長くても3年ほど。新しい服を買い足すというより、買い替えていきます。数が少ない分、早く回すことになるので、微妙に変わる旬のラインやデザインのものも自然に取り入れられています。量は少ないけれど、着たい服はちゃんとあるという状態なので、満足感もありつつ無理なくおしゃれが楽しめます。

洋服が少ないと、コーディネートを決めるのも簡単です。くたびれてしまったものを処分し、新しいものを購入したタイミングで数パターンのコーディネートを考えておくので、朝の準備に迷いが生じません。

私の洋服全シーズンリスト（撮影時）

・Tシャツ＆カットソー…7着
・長袖ブラウス…3着
・半袖ブラウス…2着
・ワンピース…7着
・スカート…3着
・ガウチョ…2本
・パンツ…5本
・コットンセーター…3着
・セーター…3着
・ストール…5枚
・カーディガン…3着
・ジャケット…3着
・トレンチコート…1着
・ルームウェア兼パジャマ…2着

これでほぼ全部です！

洋服はほぼ、ハンガーにつり下げて収納。春夏秋のシーズンに着るものはこれで全部です。この期間、明らかに使わない真冬のジャケットやセーターだけ、奥の棚にしまってあります。

少ない服でも
楽しめる
春夏秋冬のコーデ 1

春

Spring

ふんわりとしたグリーンのギャザースカートをワンピースの上から重ね着して、ちょっとおめかしコーディネート。まだ肌寒い春先はレイヤースタイルがちょうどいいので、ブラウスもワンピースの下に着て襟をアクセントにしています。

1年通して着回したアイテム

- ▶〈ネストローブ〉のワンピース
- ▶〈ル・グラジック〉のギンガムチェックのブラウス（〈ビショップ〉で購入）

ブラウス

ワンピース

夏

Summer

パフスリーブがかわいくてお気に入りのブラウスを素直に生かす着こなしです。ワンピースは、袖を腰に巻いてスカートとして活用。ショップのスタッフから、着こなしのヒントやトレンドを教えてもらってトライしています。

秋
Autumn

このワンピースはボタンを全部はずすと、ロングのカーディガン風になるので、アウターの代わりにブラウスの上からはおりました。印象が大きく変わる着回しができるものを選ぶことも、少ない服で回すコツです。

冬

winter

ブラウス、ワンピース、セーターの順に重ね着。襟元からはブラウスが、袖口からはワンピースがちらりと覗き、アクセントに。厚手のストールをはおればかなり暖かですし、足元が寒いときはレギンスなどを重ねます。

少ない服でも
楽しめる
春夏秋冬のコーデ 2

春
Spring

スカートとスニーカーで白を入れると、一気に春らしく。ストールははおって前で結べば、コーディネートのほどよいポイントに。スカートにしたのはカシュクールワンピース。P.155 のワンピと同様に袖を前で結んでいます。

1年通して着回したアイテム

▶〈ネストローブ〉のストール

▶〈ネストローブ〉のリネンデニム

夏

Summer

ストールは後ろで結べばボレロ風に大きく印象が変わるすぐれもの。冷房対策のはおりものとしても、とても重宝します。リネンデニムは濡れてもすぐ乾くので子どもといっしょに水遊びも楽しめます。

秋

Autumn

ストールをロングカーディガンのように着てグレーのワンピースと合わせました。シューズやブローチなど小物を茶色で統一すれば、すっきりまとまります。

冬

winter

ベーシックなトレンチコートとデニムで定番的なシンプルカジュアルなコーデ。赤のソックスをアクセントに効かせています。ストールは、首に巻いてもさまになる4wayで使えるアイテムなのでオールシーズン大活躍。

ゆるくても朝迷わないのは 2パターンの仕事着のおかげ

大学生の頃は、毎朝、なにを着るかを迷うことが大仕事であり、楽しみでした。でも、今の私には圧倒的に時間がありません。おしゃれを投げ出すつもりはないですが、あんな風に洋服に悩むことはもう卒業してもいいと考えるようになりました。

とくに仕事着は自分の好みより、取引先が気持ちよくつき合える相手と感じてくれることを第一に考えます。だから清潔感、きちんと感をクリアしたもので、洗濯機で洗っても型くずれしにくく、しわにもなりにくいという基準でコーデを決めます。基本2パターンを交互に着回すだけ。人って、他人の洋服なんて案外覚えていないもの。実際私が交互に着ていることを告白するまで、だれも気づいていませんでした。おかげで忙しい朝に「着る服がない〜！」と焦ることもなくなりました。

交互に着るだけ！

気に入るデザインのものがあると、色違いで購入します。同じような色で違うデザインのものを選ぶより、印象が大きく変わるのがポイントで、着回し力が上がります。

春

Spring

〈GU〉のガウチョパンツは使い勝手がよすぎて、今年3シーズン目に突入。丈夫なつくりでまだまだ現役活躍中。トップスもボトムスも色違いの同型で、交互に着ています。仕事着には変化は求めません。制服感覚でいいと思っています。

交互に着るだけ！

毎日、洗ってもへたらないコットンニットの半袖セーターは、〈ル・トリコチュール〉のもの。ホワイト＆ネイビーは、私の定番色。個性的なものを着ると印象が強くて服を覚えられがちですが、ベーシックなものならその心配はありません。

夏

Summer

ブラウスを交互に

〈ネストローブ〉の同型のリネンブラウス。無地とストライプなので印象がけっこう変わります。パンツはベルトを変えると雰囲気が変わるサンプルとして、同じ〈ネストローブ〉のパンツのコーディネートでご紹介。

秋

Autumn

冬のセーターは、〈ビショップ〉で購入したもの。色違いを購入して交互に着用しています。ボトムスがいっしょでも印象は変わることが分かってもらえるのはないでしょうか？　ここまでいっしょでなくても２パターンを決めておくだけで朝が本当にラクになります。

ゆるくてもだらしなく見えないのは エプロンのおかげ

エプロンはしない派の人も多いと思いますが、ゆるい私が家でもそれなりに小ぎれいでいられるのは、いつもエプロンをしているからだと思っています。

ジャンパースカート風に見えるエプロンドレスを選んでいるので、着たまま出かけることも、宅配の人に対応することも可能です。そのうえ、ボタンを留めたり、ひもを結んだりの必要がないラクチンなタイプなので、ゆるい人でもさっと着られて、めんどうがありません。

服を濡らさないように気をつかいながら料理をするのは、いろいろと制約も出てサクサク動けないものですが、エプロンさえあれば、問題はクリアします。濡れた手を、わざわざ手を伸ばしてタオルで拭く必要がなく、エプロンでササッと拭けるのも、ゆるい人向きです。

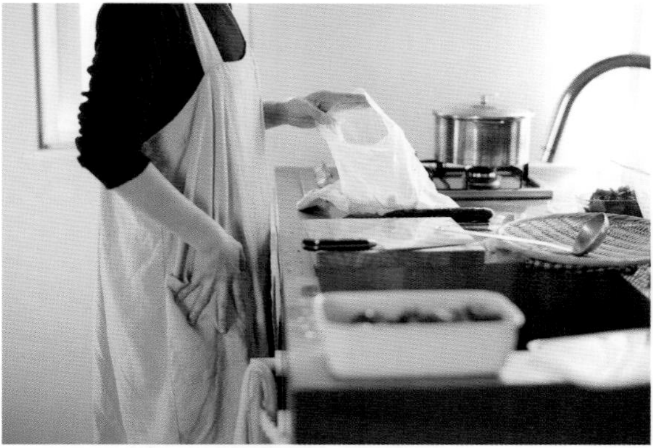

リネンのエプロンなので、ササッとエプロンで手を拭いても乾きが早く重宝。ここまで横着させてくれるのに、小ぎれいに見えるのでありがたいです。
〈Maki and nest Robe〉の〈時短エプロンドレス超撥水〉

このエプロンは〈ネストローブ〉と私のコラボアイテム。質のいいリネンの質感やデザインのおかげで、パッと見てエプロンと分からないのがポイントで、外出着にしても問題なしです。かぶるだけなので、着るのもラクで超時短。

かぶるだけ!

ゆるくても服が増えすぎないのは 小さなルールのおかげ

洋服を少なくするために、私が気をつけているのは、住や食の分野と同じで、兼用できたり、２ｗａｙ以上になったりするものを選んでおくこと。例えば、１５４ページからの着回しで登場したように、スカートにもロングカーディガンにもなるワンピースを選ぶ。夏だけ、冬だけにしか使えないものは極力減らし、どの服もオールシーズン活躍させる。そんな風に着回し力が高い服を持つことで、服が増えなくなります。

洋服が少ない快適さは、ラクにおしゃれでいられることだけではありません。朝なにを着るか迷わない、収納スペースが少なくてもＯＫ、どの服もしっかり着倒すことになるので、捨てどきを逃さないなど、洋服が少ないことがもたらすメリットを意識することも、洋服を増やさないことにつながる気がします。

服を増やさないためのルール 1

お気に入りの2ショップをベースに

必要な服を探すときに、まず見に行くのは、〈ネストローブ〉と〈ビショップ〉。あちこち見て歩くのも楽しいですが、時間が限られている今、ある程度好みにセレクトされているショップに絞ることで時短に。行きつけの店をつくることで、ショップの店員さんがスタイリストさんのように、ファッションの相談にのってくれるというメリットもあります。

服を増やさないためのルール ❷

2組に絞って交互に回す

下着は、私も子どもたちも2組だけを浴室近くのチェストに入れて、交互に着ています。すると着ているか、洗っているかのどちらかになり、引き出しにもゆとりができ、出し入れもラク。毎日洗濯をすると決めているので問題ありません。なにかあったときの予備として、子どもたちはワンサイズ上の新品を2組、私は前シーズンのお古を2組保管してあり、クローゼットの奥に（P.58参照）収納しています。

子どもたち用はワンサイズ上をストックに持つ

子どもの下着は〈無印良品〉のものが丈夫なので毎シーズンリピート。

服を増やさない
ためのルール ③

靴は 1足+αで回す

基本の靴は1足に決めています。とくに仕事用は、雨などのとき以外は、毎日同じ靴です。朝迷わず履けるので時短になります。大体の服装に合うベースの1足を決めておくだけでラクですし、あれこれ増えません。後は季節や用途別に。サンダル、きちんとした席用、晴雨兼用のスニーカー、ブーツ、ここには写っていませんがレースアップシューズ、レインブーツ、ランニングシューズ。計8足。

娘たちも基本の1足を決めて毎日履きます。だいたい半年で履きつぶし、新品に交換というサイクルです。子ども靴は1cm刻みのものが多いのですが、0.5cm刻みのものを選び、足に合うことを重視。ひとつ上のサイズの新品をつねに買っておき、緊急時はそちらを出して履かせます。脱ぎ履きしやすいスリッポンタイプのスニーカーは、親にも子どもにもストレスフリーです。

＊〈ナイキ〉の〈ダイナモフリー〉

服を増やさないためのルール 4

パジャマとルームウェアは兼ねる

私はルームウェアを普段着からの降格という方式にせず、専用のお気に入りを選ぶことにしています。着ている時間が長い服ですし、おうち時間を少しでも楽しく過ごしたいと思っているから。そして、それをパジャマと兼用。ワンピースはすぐに着られ、洗うときも1枚を干すだけでいいので洗濯もラクです。ちょっとした外出や宅配便の対応も問題なし。

＊〈Maki and nest Robe〉の〈パジャマドレス〉

服を増やさないためのルール 5

処分のタイミングをつくる

そろそろ処分、もしくはサイズアウトになりそうな服は、収納場所に入れっぱなしにせず、キャリーバッグへ移動。私や夫の実家に帰省するときに持ち出して最後の着る機会にし、そのまま処分します。家に置いてあると処分のきっかけを逃しがちですが、このタイミングなら帰りの荷物を軽くできるので一石二鳥。長女のサイズアウトのものは、そのまま実家で預かってもらい、次女が使う年齢になったときに持ち帰ります。

ゆるくても今どきメイクを楽しめるのは
少数精鋭のおかげ

メイクは基本、ナチュラルメイクです。メイクグッズも少ししか持っていませんが、ひと通りのメイクは十分まかなえています。

コスメを選ぶポイントのひとつは石けんで洗い落とせるかどうか。肌への負担が少なく、メイク落としを持つ必要もなくなります。チークとリップを兼ねられるものを選んだり、日焼け止めと化粧下地は兼ねて1本ですませたりと、小さいものでもやっぱり２ｗａｙを意識することは忘れません。

私のメイクには2種の神器があります。それが自然に目を大きく見せてくれるカラーコンタクトレンズとつけまつ毛。ギャルっぽいアイテムではありますが、メイクグッズを多数用意して、時間をかけてメイクするより効果大と感じます。そのうえ、ものも減らせ、時短にもなります。

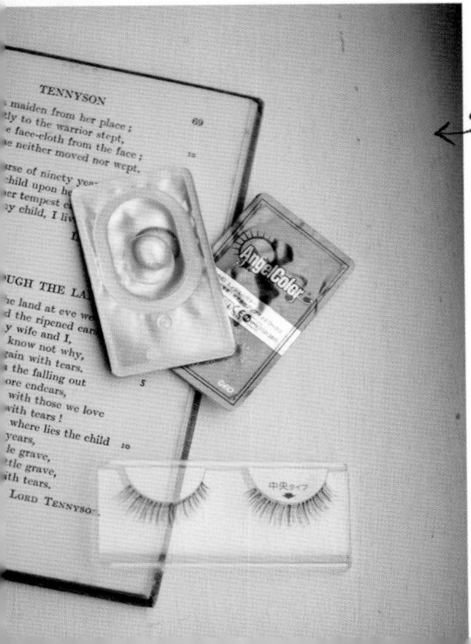

カラコンと
つけま!

目が悪いので、コンタクトレンズを使っています。どうせ使う必要があるなら、瞳が大きく見えたほうがおトクなので、カラコンに。これも一石二鳥の精神です。つけまつ毛は、メイクが薄めでも顔を華やかに見せてくれるので、ありがたい存在です。
＊カラーコンタクトレンズは〈エンジェルカラー〉の〈アーモンド〉、つけまつ毛は〈ディーアップ アイラッシュ ハワイ〉の〈01 スウィート〉。

ファンデのパウダーやアイブロウパウダーなどはすべてレフィルだけを購入して、〈ダイソー〉の名刺ケースにはめ込んでカスタマイズ。とてもコンパクトに収まりました。左から2番目のものがリップ兼チーク。石けんで落とせるものを中心に選んでいるので、メイク落としの工程を減らせ、時短になります。

＊〈エトヴォス〉、〈ナチュラグラッセ〉など

洗面所の鏡裏（P.56 参照）に収納している、片手で持てる大きさのボックスにメイクグッズをまとめています。全部立てて収納しているのがポイント。どこになにがあるか分かりやすいので、目的のものがサッと手に取れ、手早くメイクができます。

持ってる
メイクグッズは
これで
すべて！
naturaglacé

chapter

4

心&体

HEALTH

人の決めた〝正解〟から
自由になって、心と体を健康に

暮らしにまつわるあれこれを
〝正しく、きちんと〟やろうと
自分で自分にプレッシャーをかけていると
苦しくなるばかり。
人が決めた〝正解〟の暮らしではなく、
なにより大切なのは、
自分と家族が幸せと感じていられる暮らしで
それが本当の正解。
〝ゆるくていい〟と自分を許してみると、
心と体も整うと実感しています。

ゆるくてもいい と決めると 気持ちが かるくなる

毎日、「モデルルームか！」とつっこみたくなる
ほどきれいに掃除して、
毎朝、「昨日とは違う服を！」とクローゼットの
前でコーディネートを考え、
毎夕、「お迎え行かなきゃ！」という時間帯にスー
パーで買い物して、
毎晩、「旅館の夕食か！」と言わんばかりに、数
種類の小鉢を並べて。
さらに、夫や子どもとの時間を大切にして、
やりがいのある仕事でフルタイムで働く。

私には、そんなの無理っ！
「欲張らない」と決めました

Q「きれいに掃除するのは何のため？」

A「家族が心地よく過ごすため」

だったら、隅から隅まで整えられてなくても問題ないし、パジャマがはみ出ていても許される。

Q「毎日服を着るのは何のため？」

A「家事や仕事で最高のパフォーマンスを発揮するため」

だったら、洗濯したての清潔な服さえ身につけていれば、他人の目なんて気にならない。

Q「食材の買い物に行くのは何のため？」

A「おいしいものを食べるため」

だったら、届けてもらうという選択肢もありだし、毎日スーパーに行く必要もない。

Q「晩ごはんを手作りするのは何のため？」

気がつくとチェストの上のスペースに、ものがいろいろのっていたり、床に服が脱ぎ散らかしてあったり。

A「家族みんなで健康に過ごすためと、家でゆっくり会話しながら食事を楽しむため」だったら、旬を感じる食材でささっと簡単に作れておいしく仕上がるもので、十分満足。

そうやって考えると、あれもこれも、今までやっていたありとあらゆる事柄は、多少すっ飛ばしても案外大丈夫なんじゃないかと思えてきます。

それが「暮らしをゆるく回す」ということ。

家事の本質はなにかと考え、それにまつわる無駄な過程を徹底的にそぎ落とす。

「ゆるい人」はふんわりしているように見えますが、相当意識しないとゆるくなれないなぁと思うのです。

気分がのらないときはどら焼きを食べながら、晩ごはんのしたくをすることも。たまには自分を甘やかしてあげることも大切だと思います。

例えば、私の〝畳まないで放り込む収納ワザ〟は相当ゆるいですよね？　ハンドタオルをバスマットにして、最後は掃除に使ってしまう発想や、2パターンのコーディネートの服を交互に着ることも、固定概念のある人や、周囲を気にしすぎる人には難しいと思います。でも、私はあえて「ゆるい人」を演じ、自分をいたわり、許しているのです。自分が心地よく過ごせるように、穏やかな気持ちで毎日を生きたいから。

自分の中にいる〝ゆるい人〟を解禁して そこに劣等感を持たない

私のやっていることはあくまでも、私の暮らし

夫が次女を連れて保育園に出かけるとき、パジャマが床に脱ぎっぱなしということも、よくあります。こんな“ゆるさ”もありです。

に合った一例です。でも、「こんなにゆるくても案外大丈夫なんだ！」と、この本を読んでくれた方が気づいて、その人なりのゆるい部分を許すことができたらいいなと思います。

洗濯をするのは、毎日清潔な洋服を着るためです。そのために必要なことはなにかを見極め、私はきちんと畳むという家事をやめました。「ここは、すっ飛ばしてゆるくていい」と決めたんです。人によってゆるくできる部分は違うはずです。「ここは、ゆずれない」というところまで無理してゆるくする必要はありません。でも、どこかしらをゆるくすることで、暮らしがラクになることは、ぜひ、知ってもらいたいと思います。

人が持っている時間は限られているので、全部

すぐやるように心がけているとはいえ、食べ終わった器が、どーんとカウンターにのったままということだって、もちろんあります。

を理想通りに進めることは相当難しい。それなら「大切なことを実現するために自分がゆるくなれるのはどこか」「ゆるくしても気持ちよく暮らす方法はないのか」を探すほうが建設的。ゆるくなるのは、手抜きをするためではなく、自分が大切にしたいことを実現するため。ゆるくていいと自分を許すことで、心がぐっとかるくなり、いつのまにか暮らしが気持ちよく回るようになっているのです。

他人の「いいね！」じゃなく家族の「いいね！」が一番大切と考えればゆるくいられる

去年、個人的なインスタグラムをやめたので結果的にＳＮＳからは全部手をひきました。数年前までは、ツイッターやフェイスブックに近況を書き込み、もらった「いいね！」をうれしく感じたり、自分も「いいね！」をして回ったりしていました。それをやめた後も、インスタグラムは流行を垣間見られ、たくさんの情報に触れられる気がして見続けていました。でも、やっぱり時間をとられるんですよね。その時間があれば、ほかのやりたいことができると気がついて、思いきってアプリを消してしまいました。

自分と家族の基準でいい

SNSに夢中だった頃は気づかなかったのですが、スマホの時間がものすごく長かったように感じます。すごくためになった！　と得られるものが多少なりともあれば、無駄ではないと思うのですが、1回10分、1日3回としたら結局30分です。その時間があるなら本や雑誌をめくって、選りすぐられた情報を得たほうが、満足感があるなぁと最近は思います。

SNSは一見たくさんの情報がインプットできるように見えて、じつは私の中に残るものがあまりなかったと感じたのもやめた理由です。毎日すごくすてきな晩ごはんをアップしている人や、引

SNSをやめたらスマホを見る時間が激減しました。そのぶん、子どもたちの話をゆっくり聞く時間をつくることができている気がします。

き出しの中までぴっちり美しく畳んで整えている人を見かけて、自分のできなさに多少なりとも落ち込むからというのもあったかもしれません。でも一番大きかったのは、スマホに目を向け、子どもたちの会話を耳でしか聞けないのは残念なように感じたからです。今の私がいるのは、まぎれもなく「家族のおかげ」。

他人から「いいね！」をもらって評価されるより、家族の「いいね！」のほうが、私には何倍も価値があるということに気づきました。人がどうであろうと、本当に自分や家族が満足さえしていれば、ゆるい食卓、ゆるいファッション、ゆるい家事でいいと、私は思っています。

夫や子どもに対してもゆるいスタンスでいるとストレスが激減する

「夫が家事に協力的じゃない」「子どもがぜんぜん片づけない」。そんな相談を受けることがあります。でも、わが家も似たようなものです（笑）。うちの子どもたちも片づけが苦手なほうで、帰宅したらランドセルを盛大に広げて、周囲にものが散乱していることがよくあります。自分の子どもの頃のことを考えても、片づけは得意ではなかったので、そんなもんだと思っています。でも片づけている私の様子を見たり、片づいている状態の気持ちよさを体験したりしているので、大人になって必要になったらできるようになると信じています。実際、自分がそうでした。子どもは散らかすことが仕事だと思っています。ただ私が代わりに片づけるということもあまりしません。寝る

学校から帰宅して、急いで出かけた日などは、こんな風にランドセルが開いたまま、中身が散らかっていたり、上着が脱ぎっぱなしだったりすることも。でも、寝るまでに片づければいいと、ゆるく受け入れています。子どものものを増やさないよう気をつけているおかげで大惨事にならないので、それもストレスを感じない理由です。

重いランドセルを背負って小学校から帰ってきたので、一刻も早く、部屋の中でおろしたいのでしょう。長女の気持ちを想像すれば、今は靴が揃えられなくても問題なしです。

前にはすべてを片づけるというルールだけ徹底させ、それ以外は散らかっていてＯＫとゆるく考えればイライラしませんし、心も平穏です。

　夫に対しても同じスタンスです。夫は基本、家事をしません。長女の宿題の丸つけをしたり、次女の髪を整えることや仕上げ歯磨きだったり、ときどき「育児」を手伝ってもらえれば、それで十分です。

　家事もやってもらいたいからと当番制にしたら、やらなかったときにイラッとしてしまいそうです。やってもらえないなら、１人でもラクに回せる最小限の家事だけをすればいいと考えを転換しました。その結果、私の家事はかなりゆるいです。でも、無理に夫に家事を分担して、「やった、

やらない」でもめて、けんかになるより、ずっといいと思っています。

できないことはできないし、合わないことは合わない

何度教えてもお願いしても、朝、夫や子どもたちを送り出すと、部屋のあちこちに、ルームウェアやパジャマが脱ぎっぱなしです。長女は、靴を揃えていないことがほとんどです。「いや〜、靴がすごいことになってるね」などと伝えることはあっても、ガミガミ怒ったり、自分のしつけの問題なのかと悩んだりはしません。代わりに放り込み収納（33ページ）にして、私がササッと片づけ

夫もパジャマは脱ぎ捨てが多いですし、私の手作りのジャムはあまり食べてくれません。できないことを怒ったり、考え方が違う部分を気にしたりせず、そういうものだと納得すると、ストレス知らずです。

られる工夫をしました。靴は通りかかったついでに、私が揃えています。できないものとしてつきあい、口うるさく言わないことにしたら、私のストレスがなくなりました。

話は変わりますが、私はジャムを作るのが好きです。でも、夫は作り立てのジャムは食べますが、数日でも経過したものはあまり食べたがりません。また私は、サラダを食べるときは、塩、こしょう、オイルでシンプルにいただきます。でも、夫はどうも苦手なようで、自分好みのドレッシングを買ってきます。だからといって「手作りのほうが安心なのに」と押しつけたり、「私の作ったものはまずいの？」と傷ついたりはしません。私が

TEMPS
Canne

パジャマが脱ぎっぱなしになっていたとしても、忙しい朝、夫に子どもの髪を整えてもらえるだけでラッキーと考えています。

ジャムもサラダも作っているのは、自分のためだからと、考えるようにしています。
夫婦といえど、別の人間。考えが合わない部分があって当然です。ルームウェアが脱ぎっぱなしになっていることにしても、できないことはできないんです。それもまあ、仕方なしです。

〝家族のために〟と気負わない
理想ばかりを追わない

〝家族のために〟と気負っていると、期待したような反応がないとがっかりするし、せっかくがんばったのにと腹も立ちます。だから、私は〝家族のために〟と考えることはやめました。子どもが

ゆるくなったことで生まれた時間は、子どもたちとの充実したおだやかなときをくれています。怒るときも、頭ごなしにではなく、きちんと向き合うことができます。

好きそうなお子さまプレートは作りませんし、夫のために小皿を並べて居酒屋風を演出することもありません。苦手なことにチャレンジしたのに、家族からの反応が「別に……」だったら、やっぱりショックだからです。だから、あくまでも自分がおいしいと思うものを自分のために作っています。子どもが苦手なものも食卓に並べます。子ども用にわざわざ、別のものを用意したりしません。「おいしいよ、一口だけ食べてみて」と食べさせてダメなときが多いのですが、親がおいしそうに食べている姿を見せておけば、いつか、きっとおいしく食べられるようになると信じています。

　いつかで、いい。そうゆるく考えるとストレスがなくなります。

人に頼ること

外部発注もゆるく考えれば全然あり

「人には頼れない」「家事の外注なんてできない」という人、多いと思います。でも全部自分でやろうとするから大変で、苦しい。昔と違って、核家族が多いこの時代。すべてを抱え込んだら、心と体は悲鳴をあげてしまいます。

夫は家事をしないと先ほど書きましたが、育児は積極的にふっていますし、それだけでもずいぶん助かります。ちなみに、夫がくつろいでいて、私がお皿を洗っているときでも、娘たちが「これやって～」「これ、どうするの？」と言ってくるのは、必ず私にです。そういうときは、「それならパパが得意だよ」「パパに聞いてみたら？」と、笑顔で夫にふってしまうんです。夫も子どもの頼みごとは引き受けざるをえませんし、子どもも夫

週に2、3回、保育園への送りを夫に担当してもらうだけでも、朝の時間にゆとりが生まれます。

とコミュニケーションがとれて一石二鳥です。また、生協に週に1回宅配をお願いすることは、ある意味、買い物の外注。おかげで、疲れた体を引きずって仕事の後にスーパーに行かなくてすむのだから、本当にありがたいことです。

子どもの習いごとには悩みました。親が送迎をするのがあたりまえという概念をなくし、長女にベビーシッター的英語の家庭教師をお願いすることに。私の仕事中に娘と遊びながら英語を教えてくれています。「全部自分でやらなきゃ」と決めつけず、考え方をゆるめ、そんなサービスを利用するのもひとつの手かなと考えています。そうやって少しずつ周りに頼り、少しずつ自分をゆるめることは、積極的にやるべきだと思っています。

仕事に対しても
ゆるい考え方を
取り入れてみると
新たな働き方が見えてくる

私は、今、時短勤務という形で仕事をしています。さらに最近、テレワークをはじめました。パソコン、スマホなどを活用することで働く場所を会社内に限定しない働き方です。

ずっと勤めてきた今の会社の正社員であることには変わりませんが、週5日間8時間出社するという働き方はしなくてよくなりました。勤めている会社では、子育てをしながら働いている人の第1号が私なので、話し合って時短の働き方を提案し、了解をもらいました。

逆に、テレワークは会社側からの提案。私の会社は、雇用に関わる広告をつくる会社なので、働き方改革の一環で、社内でも新しい働き方の実験をし、クライアントに提案できないかと考えてい

テレワークは、働く場所をオフィスに限定しない働き方。会社には必要なときだけ出向き、カフェや家などで仕事をします。ネットがつながる環境なら、場所はどこでも関係ありません。

るようです。出社は必要なときだけとなり、その往復の通勤の約2時間が削減され、その時間も有効に使えるように。テレワークのおかげで、ランチ休憩の時間に家事をしたり、学校から帰ってきた娘に、「おかえり」と言ってあげたりということもできるようになったんです。

世の中には、こんな働き方もあると知っておくと、働くママの可能性が広がる気がします。会社に提案したり、話し合ったりすることで、働き方を変えられるかもしれません。もちろん仕事内容にもよりますが、もしかしたら、会社だからこう働くのがあたりまえと諦めていたことでも、家のことと同様、少し頭をゆるめて考えると、新しい働き方が見えてくるかもしれません。

ゆるいことで生まれた時間は自分を〝かわいがる〟ことに使う

ゆるくてもいいと考えると、今までやらなければいけないと思っていた家事を手ばなすことができたり、絶対に持つべきだと考えていたものを持たずにすみ、その管理や買い物にかかる時間を削減できたり。人に上手に頼ることができるようになったり。つまり、ゆるくなると、少しずつゆとりの時間が生まれてきます。そうすると、やっぱり心にも余裕が生まれます。

　がんばりすぎず、ゆるくなることのメリットは、この余裕です。ものを減らして迷う時間をなくし、自分にとって不要な家事をやめて、暮らしをシンプル化するのは、この余裕を得て、より暮らしを楽しむためです。

嫌いな家事、不要だと感じる家事はとことん合理化して、ゆるく回す一方、ジャムやシロップ作りなど、好きな家事は趣味のように楽しみます。

ゆるくなったら、健康になった！

生まれたゆとり時間を、私は自分のために使っています。不要と感じる家事はしなかったり、簡略化したりする一方、好きな家事はていねいに。ジャムやシロップ、みそを作るのは、家事というより、すでに趣味です。

最近はじめたのは、朝一のラジオ体操と、週に2回、30分ほどのランニング。ゆるくなって時間に余裕が生まれたおかげで、子どもといっしょに21時30分に寝る生活も手に入り、たっぷり眠れるようにもなりました。だから、きちんとした家事をやりきるために、今まで睡眠時間を削ってやりくりしていた人がゆるくなることができれば、そ

テレワークをはじめてから、昼休憩の時間を使って30分ほど走りに行くことができるようになりました。

の時間をもっと寝るか、自分がやりたいことに回せるようになるはずです。

適度な運動を取り入れて、ちゃんと寝るようになったら、体が整ってきたと感じています。長女が生まれ、はじめての子育てと仕事の両立にバタバタしていた頃からは考えられない変化です。あの頃は、肌はボロボロ、体も冷えていて風邪をひきやすかった。でもゆるくなったら、私は健康になりました。自分をいたわる時間がとれるようになったおかげです。

美容室にこまめに行くのも、自分をいたわることのひとつ。10年以上、同じスタイリストにお願いしています。クーポンを駆使して安さを求めることはしません。毎回、新しい人との出会いは刺ヘアサロン〈デザート〉の大野和哉さんとは、もう10年以上ものおつきあいになります。プロフェッショナルに頼るよさは、自分に似合うものはなにか、今、どんなスタイルがはやっているのかなど、新しい情報をキャッチするために自分の時間を使わなくても、ちゃんと教えてもらえること。あちこち浮気せず、信頼できる人を見つけることは無駄な時間をつくらないコツだと思います。

取材協力：Desart（デザート）☎03-5491-5403
東京都世田谷区玉川２丁目４－１ レフィーユ 二子玉川　www.desart-hair.com

激的ながらも、知らず知らずのうちに、プチストレスを引き受けることになります。それより、信頼できるプロフェッショナルに頼ることを私は選びました。長くつきあっていることで得られる信頼感は、心の安定にもつながり、ストレスがありません。

罪悪感を持つ必要なんてない

家事をしなかったり省いたりした挙げ句、妻やママが自分自身のために時間を使うなんて言い出すと、「手抜きをして自分のしたいことをするなんて、主婦失格」と、思う人もいるかもしれません。でも、妻やママがぼろぼろに疲れていて、い

つも不健康なオーラを出していて、気持ちに余裕がなくてイライラして怒っているより、元気ではつらつで楽しくしているほうが、家族全体がハッピーです。わが家がすきなく整って、どの家事も教科書通りにていねいに行われていたとして、でも、それによって肉体的にも精神的にも追いつめられているとしたら？　そんな風に無理してがんばって、私が体を壊したら、一番困るのは家族です。だから、自分自身をかわいがる時間をとるのは、家族が幸せでいるため。必要経費ならぬ、必要時間です。結局は、家族のためなんだから、もちろん罪悪感は持たなくていいんです。

　自分の体調の小さな変化に気づいてあげられるのは、自分しかいません。今日は化粧ノリがいいなぁ、昨日煮込んだ牛すじスープを飲んだおかげ？　今日は1日デスクワークで肩がこってるな、お風呂あがりに肩甲骨ストレッチをしよう。今日は仕事中、集中力が足りなかったから、早めに寝よう。

忙しい日々の中でも、自分と向き合い、かわいがる時間をあえて持つべきだというのが私の考え。その方法はいろいろありますが、いきあたりばったりの洋服を買ってたんすの肥やしにしたり、チョコを口に入れて自分を肥やしたりしても後々大変だなと思っています。私の場合は奮発して買ったハンドクリームの香りを楽しみながら、毎晩手をなでています。今日も1日よくがんばった自分を癒すお疲れさまの儀式です。毎日きちん

自分をきちんとケアすることは、家族を守ること。そういう意味では健康診断も大切。毎年結婚記念日に必ず、検診を受けています。

と自分を大切にするという行為が、まわりまわって家族に優しくできる秘訣だと思います。

安い洋服を何枚か買うより、私は、香りがよく、気持ちの上がるハンドクリームを選びます。高価でしたが、自分をちゃんとかわいがっている気持ちになれ、心も豊か。

おわりに

わが家の衣食住事情をご覧いただき、そして最後までお読みいただきありがとうございます。

ズバリ、今日から〝ゆるく〟なれそうですか？

家事、育児、仕事……

私はすべてを完璧にこなすことを、早々にあきらめました。

それよりも毎日穏やかな気持ちで過ごし、ブレない心と体を持っているほうが人生楽しめると思っているからです。

時間と心のゆとりは人を優しくします。

そして、優しい心は家族にいい影響を与え、回り回って自分の幸せとなって返ってきます。

忙しい毎日を送っていると、〝時間と心のゆとり〟は、喉から手が出るほどほしいものだと思います。

そのために必要なのは、今まで考えていたことを違う視点から見たり、環境をちょっと変えてみたり、あたり前のようにしていた行動を改めること。

そうすることで、忙しさから解放される可能性があります。

そこに頭をフル回転させて使ってほしいと思います。

ただ、ゆるくなるには、勇気がいります。

でも、世間で正しいといわれている固定概念をいったん忘れていただき、人の目は気にせず、自分で自分をゆるめる努力をしてほしいなぁと思います。

あなたの、ゆるめポイントはどこですか？

自分と家族が心地いいと感じるポイントを探し、それ以外を極力省く。
いいんです、手抜きじゃないんです、あえてゆるめるんです！
毎日微力ながら進化している自分を褒めたたえ、一歩ずつ前を見て進み、そして、できた時間で新たな自分を発見していただければうれしく思います。

マキ

マキ

シンプルライフ研究家。2人の娘、夫と4人暮らし。東京都在住。広告代理店勤務のワーキングマザー。不要なものは持たないシンプルな暮らしを綴ったブログ「エコナセイカツ」主宰。「しない家事」（すばる舎）や「母から子に伝えたい　持たない四季の暮らし」（大和書房）など著書多数。全国のNHK文化センターでの講演活動や、アパレルブランドとの商品コラボなど幅広く活躍中。

ブログ「エコナセイカツ」
https://www.econaseikatsu.com

YouTube「エコナセイカツ」

STAFF

ブックデザイン：野澤享子（Permanent Yellow Orange）
撮影：林ひろし
間取りイラスト：長岡伸行
校正：西進社
編集・文：加藤郷子
編集：植木優帆

本書は『ゆるく暮らす　毎日がラクで気持ちいい、シンプルライフ』
（２０１７年5月／小社刊）を再編集し、文庫化したものです。

マイナビ文庫

ゆるく暮らす
毎日がラクで気持ちいい、シンプルライフ

2020年10月20日　初版第1刷発行

著　者　　マキ
発行者　　滝口直樹
発行所　　株式会社マイナビ出版
〒101-0003 東京都千代田区一ツ橋2-6-3 一ツ橋ビル2F
TEL 0480-38-6872（注文専用ダイヤル）
TEL 03-3556-2731（販売）／TEL 03-3556-2735（編集）
E-mail pc-books@mynavi.jp
URL https://book.mynavi.jp

カバーデザイン　米谷テツヤ（PASS）
DTP　木下雄介
印刷・製本　図書印刷株式会社

ISBN978-4-8399-7442-8
Printed in Japan

M Y N A V I **B U N K O**

「献立」と「段取り」

渡辺有子 著

シンプルな料理と、丁寧な暮らしぶりが注目を集めている料理家・渡辺有子さんによる、日々の献立作りがはかどるヒントをまとめた一冊です。
毎日の食事作り。特に「献立」を考えるのは大変なことです。本書では、調理をスムーズにする「段取り」の方法や「献立」の幅を広げる発想ルールなど、日々の料理が楽しくなるコツを料理のレシピとともに紹介します。
献立作りに苦手意識のある人も、料理への“楽しい気付き”が生まれる一冊です。

定価　本体930円+税

M Y N A V I **B U N K O**

1日1つ、手放すだけ。
好きなモノとスッキリ暮らす

みしぇる 著

かさばりがちな食器、着ない服が食器棚やクローゼットに眠っていませんか？ やらなきゃと思いつつ、つい面倒と感じてしまうモノの処分。モノを処分する習慣は、1日に1つモノを捨てるところからスタートしましょう。“捨てグセ”が身に着けば、スッキリとした気持ちの良い暮らしが手に入ります。
また、手放し方と同時に、モノの愛で方も大切なポイント。本書では、モノを買うときのポイントや、買った後にどのようにしてそのモノを使い、自分の生活をより良くしていくのかを紹介します。

定価　本体980円＋税